U0011967

EXPECT A
MIRACLE
www.findhorn.org

神奇的芬活

西方世界第一座靈性生態村

Findhorn

施如君 Gin Shih 著

克魯尼山丘往主建物的小徑。

體驗芬活

目錄

蛻變遊戲

芬活奇緣

下一步行動

推薦序

我們首次與 Gin 接觸是在二〇一五年九月，當時住在美國的凱西．泰勒 (Kathy Tyler) 收到她在半夜寄來的一封信，她告訴我們想以中文出版《蛻變遊戲》，那時她和兩位朋友第一次玩蛻變遊戲，這次體驗讓她興奮得睡不著覺。

喬伊．卓克 (Joy Drake)、凱西和我是內在連線公司 (InnerLinks Inc.) 的合作夥伴，這個組織專門研究和開發蛻變遊戲的各項計畫和產品。蛻變遊戲誕生於英國蘇格蘭的芬活社區，這套遊戲在許多方面上呼應並濃縮了芬活社區的核心生活方式——鼓勵人們學習和參與身心靈整全生活的原則和實踐，並與大自然、精神靈性、我們自己和他人建立合作夥伴關係。

自一九七三年開始，我就一直居住在芬活社區。當我第一次來到這裡時，這裡還沒有提供給外來訪客的正式活動，社區成員也不多，但這裡是一個令人密集成長的教育性環境。有許多人認為芬活是一所神祕學校，是一個更充分地與神聖和我們自己的靈魂校準一致的地方，並將其體現在我們生活的行動和互動中。

在芬活並沒有特別表彰的導師角色，在這裡我們鼓勵所有人將人生本身視為教室，將生活中的所有情況、事件和人們視為自己的老師、合作夥伴和盟友，有意識地去定位某種比我們日常自我認知更宏大的智慧，以喚醒一種更有整體性的自我表述。當然，這需要有意願從特定的角度看待生命，讓生活的各種面向成為我們的老師——無論是愉快、支持和令人振奮的種種，或是那些更具挑戰性或令人不適的種種。它教會我們端正心念、欣賞並感謝自己、彼此和我們的環境，鼓勵共同創造，並意識到我們正在參與一場偉大而有意義的冒險旅程。

大約四十五年前，蛻變遊戲就在這個極具創造性的渦旋中被發展出來，隨著社區的諸多發展，蛻變遊戲試圖將這所神祕學校的立意，轉化為一種人們無需來到社區就能參與的形式。

從發展初期開始，我就加入了蛻變遊戲及其創建者喬伊和凱西的行列，遊戲對我來說已經在各種層次上成為我的道路與實踐，就如同許多長期深入參與其中的人們一樣。

Gin 就是其中之一。當初她寫信給凱西詢問代理中文版時，我們沒有料到在三個月後中文版就正式上市，並在一年之後凱西和我會到台北進行有史以來第一次以中文進行的蛻變遊戲教練培訓，更別說 Gin 自己在一年多的時間內隨即成為內在連線的認證培訓師，開始在全球以中文進行蛻變遊戲教練培訓。之後她也成為組織蛻變的培訓師，還製作了中文版的專用套組。現在她也是芬活基金會的資源人。

能夠參與 Gin 與蛻變遊戲的旅程，並且有她加入全球蛻變遊戲工作一起共事，這一直是一種榮幸和喜悅。她與蛻變遊戲的本質與精髓有著深厚的連結，她的熱情、承諾和創新精神正在開闢新的可能性，並擴大人類生活變革的潛力。

我們內在連線全體希望讀者們享受本書中 Gin 的旅程，她對蛻變遊戲和芬活社區發展的描述，以及她所打開的這道通往當今世界蛻變歷程工作的大門。願這些為我們每個人量身訂製的生命歷程，幫助我們在自己的生活中找到表述的方式，以服務和滋養自己的旅程以及我們地球生活的生命和開展。

瑪麗．英格利斯（Mary Inglis）

／芬活基金會董事

／內在連線英國負責人

／蛻變遊戲教育總監

左頁：座落於芬活的內在連線辦公室

上方：喬伊（上）、凱西（中左）、瑪麗（中右）與我在星球版工作坊中的合照

The Game Of
Transformation

緣起

芬活的起點，始於三位平凡人——彼得、愛琳．凱迪 (Peter and Eileen Caddy) 夫婦和桃樂絲．麥克林 (Dorothy Maclean) 的人生最低潮。當時是一九六〇年代，他們堅持不懈地持續每日的靈性修煉，跟隨內在的聲音，與大自然的植物靈溝通，以愛採取行動，於是在一片荒蕪的海濱沙地上，創造了傳奇性的知名美麗花園與豐盛農園，意外地開創了一處世外桃源，繼而啟發世界各地許多人的人生與生活方式。

今日的芬活基金會是聯合國認可的非政府組織，是聯合國人居署指定的最佳實踐，是全球生態村網絡 (GEN，Global Ecovillage Network) 的創始成員及總部，整全中心網絡 (Holistic Centers Network) 的共同創始者，有人稱之為新時代的梵蒂岡、神祕學校、身心靈中心，或稱為有意識的人類生活社群，這裡是許多人的烏托邦和理想家園。芬活社群由五百多人組成社區核心，在這裡的每位成員每日都在支持並實踐「由自身開始創建更美好世界」的願景。

為了讓世界各地的人就算無法親身來到芬活也能體驗到芬活精神，七〇年代一位負責教育的社區成員喬伊．卓克 (Joy Drake) 靈光一現，將芬活經驗轉化為桌上遊戲，發展出《蛻變遊戲》(Transformation Game)，這是一套極具精神意義的有趣工具，透過遊戲歷程促進玩家療癒身心、自我成長，達到意識轉化、培育力量、連結生命本質的目的，自發行以來已經翻譯成多種語言，有上萬人在全世界參與各種不同型態的工作坊。就連遊戲中應觀眾要求而獨立出版的《原創天使卡》（Original Angel Cards），也是全世界第一套發行的「天使卡」，帶動了後續全球天使卡出版的風潮。

我和芬活相遇的機緣，讓我聯想到糖果屋的童話故事，不知是誰在我的人生路徑上沿途放了一個個信號，吸引著我一步步蜿蜒前行，一轉彎卻突然在森林深處發現一座大大的糖果屋正在眼前等著我！而這座糖果屋正是芬活！

我從小便不斷思考人生的意義為何，雖然從外在條件看起來我的人生一切如常，一路升學甚至留學荷蘭念碩士，然後工作……，但其實從國中開始我對人生便充滿問號，我不明白考試升學的人生有什麼意義，我不懂為何要依照分數來定義一個人，我很喜歡學習，但學習只能用這種傳統學校的方式嗎？工作之後，即使都市設計是我的熱情，但對於大筆的資金預算應該花在哪些地方，規劃設計之後對世界產生的影響與意義，使我的內心產生掙扎。於是我的內在衍生了一個與外在平行的世界，我一邊符合外在社會期待還是努力在體制上前進，但心中依舊想望追尋生命的真正意義，並默默地在腦海中想像我的美好世界版本。

回到台灣後我在建築師事務所與工程顧問公司過了幾年實務的日子，後來有一次在歐洲教育展上與荷蘭故友閒談，意外地促成我們的合作，我的人生轉了一個大彎，開始在歐洲而後在亞洲各地開設工作坊，因此認識許多歐洲的相關專業人士。其中一位特別投緣的荷蘭神經回饋中心主任在一次晚餐閒談中不經意提及《蛻變遊戲》，我基於好奇在隨後的美國行中順道買了一套，帶回家放了一年多後才有機會拿出來試玩一場，沒想到這場遊戲讓我驚為天人，當晚不斷思忖著這套遊戲可以幫助到多少人，讓我輾轉難眠，在半夜立馬決定去信原創者，相談之後取得國際中文版代理，隨後使出渾身解數讓遊戲在三個月內火速發行上市。

中文版蛻變遊戲上市後，為了親自體驗進一步的培訓課程，我遠赴英國去參加兩個禮拜的基礎培訓，雖然已經在網站上報了名，但此時芬活對我來說仍然只是地圖上的一個地名，以及蛻變遊戲盒子上介紹的遊戲發源地而已，「大概又是另一個身心靈中心吧！」我心想。

出發至英國前夕我去了一趟香港工作，與朋友提及我即將去英國上課，朋友不經意的一句：「芬活是歐美知名的靈性生態村」，讓我當下的內在小宇宙瞬間爆炸！原來，我內在世界中的幻想竟然已經真實存在這個地球上！就像死亡前人生會一幕幕回播一般，我突然意識到生命早在冥冥之中安排好一連串環環相扣的絕妙巧合，鋪好路要指引我去到這座夢想的糖果屋！在那一刻我內外在的兩個平行世界突然產生交集，好似失焦的人生瞬間精準對焦。

我的人生與芬活和蛻變遊戲調上頻之後，突然以光速前進，這幾年因為開課以及受訓成為培訓師的關係，與芬活長期居民同時也是蛻變遊戲的原創團隊密切溝通合作，加上帶領的每一場蛻變遊戲、每一次培訓教學，在反覆咀嚼之下，我越能充分感受到芬活散發出來的世界觀與精神，深刻地與我個人的核心價值觀共振，包括在撰寫這本書的同時，種種奇妙的因緣際會和同步性不斷發生，我的內在系統自動開啟全面整合的升級程式，就像在繭中孵化蛻變中的蝶。

芬活是全球心靈界、生態界的老字號，其地位不言而喻。「靈性生態村」是介紹芬活的其中一種方式，有人告訴我應該稱之為「有意識的人類生活」。我問過好幾位去過芬活或甚至去了就長居下來的人，他們怎麼知道芬活？又怎麼來到芬活？有趣的是幾乎每個人都是在奇妙的際遇下聽聞芬活，總是有種未知的力量吸引著他們前往，無論在芬活待了多久，那些日子在他們心中種下了種子，巧妙地在他們的生活中發芽。芬活最令我敬佩的並不是這個地方充滿了閃耀的光環，而是在樸實無華的生活中卻帶來對世界各面向長久深遠的正向影響力。

究竟芬活[註1]背後的那股神奇力量是什麼？為什麼芬活對成千上萬的全球訪客充滿了吸引力？在世界劇烈蛻變中的此刻，芬活一甲子的經驗或許可以觸發我們對未來生活有嶄新的想像，且跟著芬活與我之間奇妙交織的緣分，一窺芬活的神奇，然後，讓蛻變後的蝴蝶拍拍翅膀飛往該去的方向。

註1：芬活（Findhorn）原本就是一個蘇格蘭臨海的漁村，至今仍保有原本的生活脈絡。本書中提到「芬活」時，泛指芬活漁村旁後來由一群人建立起來的芬活社群（Findhorn Community）、芬活基金會（Findhorn Foundation）、芬活學院（Findhorn College）……等相關組織所集合而成的「芬式生活」。

© 芬活基金會

原始花園與原始拖車 © 芬活基金會

體驗芬活

從機場到芬活路上的地景

【桃花源記】陶淵明

晉太元中，武陵人捕魚為業。緣溪行，忘路之遠近。忽逢桃花林，夾岸數百步，中無雜樹，芳草鮮美，落英繽紛。漁人甚異之，復前行，欲窮其林。林盡水源，便得一山。山有小口，彷彿若有光，便捨船從口入。初極狹，纔通人，復行數十步，豁然開朗。土地平曠，屋舍儼然，有良田、美池、桑竹之屬，阡陌交通，雞犬相聞。其中往來種作，男女衣著，悉如外人。黃髮垂髫，並怡然自樂。見漁人乃大驚，問所從來，具答之。便要還家，設酒殺雞作食。村中聞有此人，咸來問訊。自云先世避秦時亂，率妻子邑人來此絕境，不復出焉，遂與外人間隔。問今是何世，乃不知有漢，無論魏晉。此人一一為具言所聞，皆歎惋。餘人各復延至其家，皆出酒食。停數日，辭去。此中人語云：「不足為外人道也。」既出，得其船，便扶向路，處處誌之。及郡下，詣太守說如此。太守即遣人隨其往，尋向所誌，遂迷不復得路。南陽劉子驥，高尚士也。聞之，欣然規往，未果，尋病終。後遂無問津者。

出發

我比太守幸運多了，不但知道進入桃花源的路之遠近，且得其路，現代人的我只需滑開手機透過谷歌地圖、網上訂票遂可問津，而且，這一次我還夥同一行十五人，一起進入這個西方的桃花源。

體驗週（Experience Week）是芬活的精華液，自上個世紀以來，就是世界旅人想要一親芬活芳澤的最佳途徑；若想進一步在芬活短期居住，體驗週更是基本的入門要求。雖然我曾在二〇一六年來到芬活參加蛻變遊戲帶領教練的基礎培訓，但當時兩個禮拜的密集訓練，讓我們幾位參加者暈頭轉向，實在無暇好好享受這裡的日常，所以如果要全身心的投入與體驗芬式生活的方方面面，參加體驗週無疑是最佳方式。

每個人都可以自行報名參加芬活基金會定期舉辦的體驗週活動，但大多以英文和歐陸語言進行。這一次，是我和夥伴希瑪（Hema）提前一年多向芬活基金會提出申請，安排於二〇一九年八月的專屬體驗週，由我們兩位來揪團和中文翻譯。

芬活位於英國蘇格蘭北部，原是個臨海小漁村，這裡大約距離眾所周知的尼斯湖水怪約一小時車程。從亞洲飛往芬活的國際路線有兩種方式，一是經倫敦、二是經阿姆斯特丹轉機到蘇格蘭北部最大的機場印威內斯（Inverness），然後再搭車前往。我們一行人分別

迎接我們的「彼得」巴士

來自台北、高雄、香港和深圳四座城市，因此預定所有人在香港機場的候機室全體集合後，再一同經阿姆斯特丹轉機到印威內斯。

在行前聚會裡，我們先提醒大家這次旅程的注意事項，然後我們依照芬活也是蛻變遊戲的傳統，為行前準備邀請我們一行人的共同守護天使，在調頻之後我和希瑪為整個小組抽到的天使分別是：彈性與冒險……，我和希瑪面面相覷，想到這段旅程會出現什麼樣的冒險？需要天使支持多少的彈性？這兩位天使帶給我們既期待又怕受傷害的複雜心情。

雖然所有人分別從四個城市出發，但我想這不會有太大問題吧?!沒想到就在出發當天早上，我收到簡訊通知台北飛往香港的航班更改時間，為了不讓彼此等太久，於是緊急在群組裡通知要在桃園機場集合的組員們到了就可以先行辦理登機，先去逛免稅店，反正最後在候機室集合就可以了。偏偏人算不如天算，大家各自登機時櫃臺竟然給了不同的航班，有的人按照原定更改的航班出發，有的人突然登上了馬上出發的航班，還有遲到的人登上了早一點出發的航班，總之原本應該一同由桃園機場出發的組員們活生生被拆成三組飛去香港，此時，我們開始感覺到了冒險和彈性天使的威力……。

好不容易十五個人終於輾轉在香港機場的登機門前集合了，接下來是十二個小時的過夜航班要到阿姆斯特丹。我曾在荷蘭留學，之後有好幾年時間經常跑歐洲辦工作坊，這段航班我再熟悉不過，早就提醒大家千萬要在這段航程中睡飽睡滿，因為下機後要再轉機、搭車到芬活，重點是抵達後就要馬上辦理體驗週的報到手續，並零時差地開始活動。

經過漫長的空中旅行，落地蘇格蘭後在印威內斯機場迎接我們的是來自芬活的麥可(Michael)和魯道夫(Rudolph)，他們開著基金會的接駁車來載我們，看見車外的芬活標誌感覺份外溫暖，而且前來的這兩部車名為彼得(Peter)和希娜(Sheena)……，是的，在芬活的每臺車子都有各自的名字，就連花園的手推車也有，這是因為他們將物品也視為個體，並同樣保持連結、尊重與感謝之意，即便是房間、工具、車子……等。（直到寫書時我才驚覺以彼得和希娜作為接駁車的名字別具意義，等你繼續讀下去就會知道原因了。）

我們驅車前往克魯尼山丘（Cluny Hill），這是芬活的兩大基地之一。一路上田裡的麥田捲（可惜不是麥田圈）和恣意咀嚼著草的牛群們，是我們初訪蘇格蘭的第一印象。

獨角獸的國度

十二世紀威廉一世在蘇格蘭皇家徽章上首次使用了獨角獸的圖案。十五世紀當詹姆士三世掌權時，甚至在金幣上採用了獨角獸。一六〇三年，當蘇格蘭和英格蘭在蘇格蘭詹姆士六世統治下統一時，有兩隻獨角獸支撐著蘇格蘭皇家軍團的盾牌；隨後詹姆士六世成為英格蘭和愛爾蘭的詹姆士一世時，他用代表英格蘭的獅子替代了盾牌左側的獨角獸以表明國家的團結。

在凱爾特（Celtic）的神話中，獨角獸象徵純潔、天真和力量，亦經常作為靈性的代表動物。世界各國大部分的國獸都採用真實的動物，而以獨角獸這樣傳說中的生物來代表蘇格蘭，不難感受到蘇格蘭人對神話的熱衷。

芬活的英文是Findhorn，若把英文字拆開便是「找到角」，不知道找到的這隻角是誰的角呢？我遍尋不到答案，但是有一位英國作家寫了一本小說，故事當中有一隻獨角獸就

蘇格蘭的高地牛（左）、英國國徽，右邊是隻獨角獸（右）

叫做Findhorn，不曉得是不是巧合。

蘇格蘭威士忌聞名全球，十七世紀時因為政府高額的烈酒稅，導致蘇格蘭的威士忌酒廠在一夜之間全部關門，釀酒師四處出走，為了不讓釀好的威士忌被徵稅官收走，他們將威士忌存放在西班牙的雪莉酒桶中。沒料到此一無心之舉竟讓原本酒體粗糙的威士忌有了花朵、水果和可可豆的奇妙香味，於是令橡木桶儲熟威士忌的做法在蘇格蘭變得普及，但是橡木桶的毛細孔會讓桶內的威士忌每年以百分之二到四的比例蒸散，所以浪漫的製酒人認為，這一定是因為威士忌香氣太迷人，就連天使也忍不住一同來享用，於是將蒸發的那一部分視為「天使分杯羹」(Angel's Share)，這種讓天使也來參一腳的世界觀真的很可愛！

此外，蘇格蘭的地景猶如魔幻電影場景一般，就連

蘇格蘭特有的高地牛也帶著特殊造型的瀏海，在這片土地上能夠醞釀出哈利波特這部奇幻小說，真不令人意外啊！在前往芬活的路上，我們興奮地就像要去霍格華茲魔法學校一樣，對那裡充滿了期待。

團員們正在為體驗週辦理報到手續

聚焦人

週六早上是克魯尼山丘眾多活動的共同報到時間，所有參與者提著行李簇擁在接待櫃臺前，門廳異常地熱鬧擁擠，或許因為我們一行人很容易辨識，在一樓接待處等待我們的楊（Jyan）和亞麗絲（Alex）馬上就認出我們，帶著我們放下行李突破重圍直上二樓的大會議室去辦理報到手續。她們兩人將擔任我們這次體驗週活動的聚焦人（Focaliser）。

芬活基金會中幾乎每個部門都是以小組形式來工作，各個小組均設有聚焦人的角色。聚焦人通常比其他人更熟悉要從事的工作內容，但卻不是發號司令的權威者，而是能夠與所有組員調頻並尊重全體需求的角色。當部門成員熟悉各項工作後，聚焦人需要考量的則是其他面向，例如是否需要以調頻來凝聚團隊？放點音樂、喝杯茶或做點什麼可以更好地服務到工作嗎？需要通知某個人關於部門的進度嗎？……等的問題。

對於像我們這樣的外來訪客而言，聚焦人並非老師或指導者，他們更像是引導者、傳達者、陪伴者或是一名嚮導，引領我們所有的活動流程，輔助我們體驗週期間的需求，協助我們專注在活動之中。每梯次的聚焦人是由基金會來負責協調安排。

我們的兩位聚焦人很貼心地特意在報到桌上準備了中文字牌（給谷歌翻譯按讚）來迎

接我們，大家七手八腳地填寫一些必要資料之後，就各自到分派的住宿房間放好行李，稍作整理之後便要加入午餐——我們在這裡的第一餐的行列。

舌尖上的芬活

在芬活吃什麼？這是許多人好奇的地方。

我有仔細觀察過，在這裡餐廳的盤子並不會漂浮在半空中（小失望）。

芬活每日提供三餐的地點，在克魯尼山丘這個基地是位於一樓的餐廳，在另一個基地——公園（The Park）則在社區中心內。基本上兩個地方供應的是素食自助餐，若是有其他特殊飲食需求，如無麩質、無乳製品等的餐點必須事前預約，餐廳才能提前準備額外的餐點和足夠的份量。除此之外，因為兩個基地各有各的主廚，所以實際供應的內容端看兩處的主廚如何安排。

生菜沙拉是必備款，畢竟芬活的農園可是聲名遠播的神奇招牌，在這裡種植的都是有機蔬菜，每日絕對是從產地到餐桌的規格。我每天都很期待在盤子上堆滿五顏六色的新鮮蔬菜，加上一些堅果、種子和醬汁，不但視覺開心，味覺充滿新鮮有機蔬菜的自然香甜與飽滿能量，對我已是奢華享受。

在這裡午餐吃得比較簡單，除了沙拉之外會有熱湯，光是熱湯也充滿變化、色彩繽紛！如果想要飽足一點有各式麵包可以自取，麵包來自芬活漁村上的烘焙坊，老闆也是芬活社群的一份子，聽說那裡的甜點非常好吃，喜歡下午茶的人有機會可以上門品嚐。

晚餐則比較正式，每天會供應不同主餐，菜單內容會在餐前寫在黑板上。我們團裡的一位夥伴分配到廚房工作，有一天主廚就讓她寫黑板，書寫方式可以自由發揮，讓她很開心有機會自由創作！因為主餐每天都不一樣，天天有驚喜很令人期待！根據我（手機）的記憶，我吃過義大利麵、披薩、印度咖哩、日式拌飯……等，非常國際化。這次體驗週有一天的晚餐很令人驚喜，居然出現鮭魚握壽司！但這裡不是吃素的嗎？原來看起來頗像鮭魚生魚片的握壽司竟然是用紅椒偽裝，我覺得太有創意了！後來聽在廚房工作的團員說，原來那天的主廚是日本人！

早餐很西式，有牛奶、優格及數種植物奶可選，可加穀類麥片，也有數種麵包和吐司可以塗上奶油、各種果醬，其中當然不乏英國經典馬麥醬[註2]（的陷阱），我覺得這種醬和臭豆腐是同樣的道理，你要不非常喜歡、要不不敢恭維……。另外，如果習慣早

Carrot and ginger
Soup
Rainbow chard
and
colourful
SALADS

餐必須要有熱食，這裡有供應熱燕麥粥，其他還有用田園風籃子裝的溫熱水煮蛋，貼心地分為半熟和全熟，以及來自果園的新鮮水果都可以自取。

除了三餐之外，有時會同場加映令人驚喜的甜點、提拉米蘇、蛋糕……，要是在用餐時間外肚子餓了，在茶水間總是有餅乾、麵包和果醬，茶和咖啡則全日供應可自取，總之，在這裡不必怕會餓著。

通常在這裡每個人都有各自參加的活動，於是吃飯時間是唯一可以遇見所有人的機會，大家多會利用這個時段一邊用餐一邊交流，尤其天氣好的話，可以坐在戶外一起曬太陽半野餐，熱鬧又愜意！

註2：英國傳統食品——馬麥醬（Marmite）是一種使用啤酒釀造過程中最後沉澱的酵母製作的醬料，屬於發酵食品，由於具有強烈的氣味而讓人喜厭分明，但在英國、紐西蘭、澳大利亞、愛爾蘭等地則極為盛行。當地的建議吃法是在黑麵包或吐司上塗上奶油，再塗上馬麥醬食用。

早餐的全熟蛋和半熟蛋、甜點：「一口滿滿的愛」

我與刀叉們共度的廚房派對

廚房派對

吃飽喝足，在這裡每個人都要自己收拾好使用過的餐具，拿到廚房內分門別類放在指定的洗碗籃裡，廢棄物和廚餘也必須逐一分類，用餐後的廚餘、果菜皮和咖啡渣等有機物可是寶貝，因為這些將成為製作肥料的來源。

最重要的，無論是訪客或是居民每週都必須參加一次廚房派對（kitchen party，簡稱KP），在廚房裡開派對的意思是輪值在廚房內服務，幫忙一起清理廚房、洗碗盤、整理餐廳的桌面地板等收拾工作。

為了餐後能準時向廚房組報到，好讓主廚分派工作以準時收工，在排隊取餐時，當日參加派對者只要高喊「KP！KP！」就不用跟著大家排隊，有特權可以插隊取餐。同時，因為每個人都有機會輪到這項任務，我發現大家對於使用餐廳會更有意識地保持清潔、將心比心，也會對服務的人自然充滿謝意。

每次廚房派對的成員隨機來自於芬活各種活動，所以這也是個好機會可以遇見不同人。像我自己輪值 KP 時，認識到其他來自不同國家、不同活動的夥伴，大家在一起做事時會交談幾句，真的像一場小型另類派對，將這項服務取名為廚房派對真是個有趣的點子！日後偶然在某個角落碰見 KP 的夥伴，也能叫出名字小聊幾句，也算一種續攤的概念啊。

好啦，終於來到芬活，是不是應該先拜個碼頭了？

起源

彼得、愛琳．凱迪（Peter and Eileen Caddy）夫婦和桃樂絲．麥克林（Dorothy Maclean）對神祕學與靈性充滿興趣，他們因為學習靈性教導而相識，長久以來也一直認真投入在靈性修煉上。愛琳在冥想中從內在本源獲得了指引，她稱之為「內在靜定的呢喃聲」。

在拖車旁種出的傳奇包心菜、三位創辦人坐在拖車旁 © 芬活基金會

一九五七年他們首次來到蘇格蘭北部在福雷斯鎮（Forres）克魯尼山丘旅館（Cluny Hill Hotel）從事管理工作。彼得遵從愛琳的內在指引和自己的直覺來經營旅館，以這樣非主流的方式創造了許多不可思議的情況，使得克魯尼山丘迅速成為一家成功的四星級旅館。

好景不常，在近六年的管理工作之後於一九六二年十一月十七日他們卻被開除了，而且他們被告知必須在四小時內離開他們的工作和住處。在幾乎身無分文、一無所有也無處可去的情況下，他們三人跟隨愛琳的內在聲音一起帶著三名年幼的兒子搬進一輛淺藍色的露營拖車，遷移到海濱村落芬活附近的露營拖車公園（caravan park），也就是露營拖車的停車場。

愛琳後來回憶當時的情況說：「那時我們根本

最初的那輛露營拖車 © 芬活基金會

就不知道要在這裡幹嘛，我以為我們頂多在這裡待六個月就可以回去克魯尼山丘，畢竟我的內在指引也是這麼說的。所以我才想如果是這樣的話，我可以忍受在狹小的露營拖車中待六個月。然而事情的進展卻不是如此，很不幸地那年我們並沒有回到克魯尼山丘，彼得四處都找不到工作只能領社會救濟金，我們靠著每週八英鎊過日子，於是只好開始試著種菜，這樣我們至少有蔬菜可以吃。」

露營拖車公園的土壤屬於乾燥的沙質，並不適合種植物，但彼得仍努力不懈地嘗試。此時，桃樂絲突然發覺自己能夠連結到植物的智慧體，她稱之為「閃亮的德娃(Deva)[註3]」，祂就像是普照各種植物的天使或精靈，又像是我們中文說的仙子吧。桃樂絲首先連結到豌豆德娃，後來又陸續得到其他蔬菜德娃們清晰的指示，她和彼得一起將德娃的指引付諸實行，慢慢開發出菜圃的雛形，當遇到問題時，例如有蛇出沒，蔬菜德娃們也會給予指導來化解困難，這使得他們的菜圃不停地向外擴展，甚至於有一次包心菜長得太大顆了，很重，重到連彼得差一點就抬不動了。

後來有一次彼得打電話給蘇格蘭的一位農業專家諮詢一些種菜的問題，當這位專家來到這裡，他非常驚訝，因為他從未看過這樣的土質竟可以種出蔬菜，所以他帶走一些土壤樣本回去分析，但結果太令他震驚了，因為這裡的土質處於十分完美的平衡！這使得其他聽聞這個消息的人也感到非常吃驚，於是所有人都想來這裡一探究竟。

在貧瘠的沙土上，他們種出巨大的植物、香草和鮮花，得到驚人的成果，其中最知名的莫過於傳奇的十八公斤包心菜。芬活的菜圃就此聲名遠播。

無心插柳，柳卻成蔭。一九六二年三人在無意間促成了芬活社區的誕生。

註3：Deva，梵語，是印度神話和佛教、耆那教、印度教等諸宗教中認為居住在天界的神明，亦可譯為天、天人。

克魯尼山丘

踩著和三位創辦人一樣的足跡，大部分訪客進入「芬活能量圈」的入口也通常在克魯尼山丘，我們也不例外。

這是一幢美麗的維多利亞式建築，於一八六五年建造已超過一百五十年的歷史。克魯尼山丘最初是一間知名的水療旅館，擁有漂亮的宴會廳、餐廳、Spa 桑拿室、游泳池和網球場……等設施，曾經有過輝煌燦爛的歷史。

就在芬活社群在露營拖車公園逐漸成形時，克魯尼山丘旅館卻在彼得一家離開後逐漸沒落並求售，一九七五年基金會以出乎意料的低廉價格——六萬英鎊買下了這裡，成為芬活的重大傳奇之一。之後這裡作為芬活基金會的芬活學院（Findhorn College）和教育中心，大部分工作坊和課程都在這裡進行，也是外來訪客以及短中期居民的主要寄宿之處。

山窮水盡疑無路，三位創辦人因為被克魯尼山丘旅館解職而陷入困境，才開啟了芬活傳奇的契機，後來又

彼得站在克魯尼山丘的門廊 © 芬活基金會

克魯尼山丘主建築 © 芬活基金會（上）、團員在宴會廳裡的團體活動（左下）、餐廳 © 芬活基金會（右下）

陽光灑落的門廊（左上）、靜心聖所（左下）、走廊一隅（右上）、芬活天使（右中）、靜心聖所的冥想活動（右下）

因為有了芬活社群，他們才又回到了克魯尼山丘，也印證了愛琳的內在指引，如此奧妙的柳暗花明又一村，實在無人能預料！回頭想想，若是當時彼得一家在這裡工作一帆風順，那麼芬活的傳奇還會發生嗎……？

＊＊＊

克魯尼山丘一樓由門廊進入後就是接待處的櫃臺，由此分為左右兩側，建築物右側最主要有一個交誼廳連接到餐廳、茶水間和廚房。交誼廳是一樓所有動線的必經之處，你可以在這裡閒坐聊天、看報紙看書或等巴士，我也曾見到有部門調頻在這裡進行。角落有一張大書桌，讓大家可以在此使用３Ｃ產品，我之前參加培訓的頭兩個晚上就是在這裡寒窗苦讀。

建築物左側有一條長廊，走廊兩側各有數間辦公室和小會議室。這條走廊走到底，有一間華麗挑高的大宴會廳，透過這裡的高雅氣質可以想見克魯尼山丘過往的輝煌時光，我們在這裡進行團體活動，也一同在此學習與天地人我連結的神聖舞蹈。

每天早上如果早點起床，可以到二樓後翼的靜心聖所參加冥想，在這個冥想專用的空間門口有公告一張時間表，列出每日各種冥想的時段及方式，有時是引導式靜心，有時是全然安靜的冥想，還有泰茲聖歌冥想（Taize Singing），這是以演唱作為祈禱及聆聽上天的一種方式，其餘時間你也可以自行入內安靜地坐著。在二樓前側還有圖書館和日光室，以及前後好幾間大大小小的會議室與活動空間。

樓上其它樓層左側大部分是客房，就像一般旅館一樣，沿著走廊兩側是大小不一的住宿空間，中間穿插共用的衛浴，雖然踩在走廊地板上猶如老爺爺的關節一般會發出吱吱聲，但是所有空間都維持的十分清淨整潔。

整座房子的右側原來應該是作為旅館後臺，這邊的動線就比較複雜。如果需要洗衣，這裡的地下室有一間雲深不知處的洗衣間。另外有一間可以來尋寶的二手交換小庫房，裡頭有一些衣物和小電器等雜物，如果你有需要就可以自行取走，反之，如果你有想要留給後人的物品，也可以放在這裡。

不知道為什麼，我們這一群人好像有吹風機缺乏恐懼症，在行前群組裡就有同伴紛紛問有沒有人會帶吹風機，搞得攸關性命的樣子，逼得出國從不帶吹風機的我，特地帶了一支旅行用的吹風機給大家備用，說起來它還是我多年前留學荷蘭時飛利浦獎學金附贈的，可是具有特殊歷史意義，加上其他人我們一共帶了五支吹風機。

抵達芬活的第一天晚上，我心想既然難得帶了吹風機，就拿出來用一下，沒想到才吹幾下風就停了，才發現我忘了調電壓，都是因為我從來沒在出國時使用它啊！結果這支耐用多年的吹風機竟然立馬就燒壞了，沒關係，總還有其它四支，不料在群組裡其他人也紛紛發出哀號，當天晚上所有的吹風機都因為各種不明原因全壞了！在無語間，感覺「冒險天使」又找上門……。後來，我們在二手房尋寶時發現了一支造型用吹風機，雖然風量微弱卻也算解了燃眉之急。

另一處大家發現吹風機的地方就在二樓後翼的桑拿間（為何變成追尋吹風機之旅？），因為聚焦人特別介紹特定時間開放的桑拿間，大家來這裡試水溫時，意外發現有強力放送的吹風機，於是，吹風機便引導著我們每日在這座大房子裡四處探險，時時保持「彈性」調整我們的步伐。

克魯尼山丘現在就像是一位優雅又和藹可親的老爺爺呵護著我們在其中穿梭。

克魯尼花園

克魯尼山丘是真的在一座小山丘上，主要建築物前方是在緩坡上優雅伸展的克魯尼花園（Clunny Garden）。再遠眺正好俯瞰一座高爾夫球場，吃飯時每每看著窗外都讓我想

到打著高爾夫球的意向天使……。

克魯尼山丘沿著潺潺流水拾級而下，樹下有鞦韆，水池邊坐著禪定的佛陀望著大片的盎然綠地，草地邊緣有整排的蘋果樹（早餐的來源）。路旁幽靜處有一條愛的小徑，可走向一個刻著愛的石椅。

跟著成排的蘋果樹走，可以走到脈輪花園的入口，脈輪花園內特地種植著七彩繽紛的花卉，會有人來採摘這裡的花插在花瓶裡放在室內擺飾，餐桌上就可以常常見到。

在脈輪花園隔壁原本有一塊菜園，不過因為產量太少，克魯尼花園的聚焦人馬克·萊恩（Mark Lane）和夥伴決定在這裡種上草皮，擺上白色石頭，轉型為一座迷宮。從迷宮的起點走到中心，再一路走出迷宮，這是一種在行走間與內在對話的儀式性靜心，就像是行走在曼陀羅之中一樣。每年冬至這一天在環球大廳裡，社群總是會用松枝妝點一座迷宮，讓社區內的人透過走迷宮的儀式來送舊迎新。現在在克魯尼有了這座迷宮，大家就能夠隨時過來靜心。

在迷宮上方這一側的山坡上有幾條小徑，如櫻桃小徑、藍莓小徑……，小徑旁真的種植著這些莓果，令人欣喜。小徑以及花園隨處放著刻有天使特質的椅子，你想要的話，可以坐在這與天使安靜地相處。

我和其他三位夥伴在體驗週的分組工作是分派在克魯尼花園，工作前我們會先到工具間旁的溫室報到，然後如花草精靈般溫柔的馬克會帶著我們調頻，彼此分享之後就會分配工作。像是第一天我們就到廚房後門去取廚餘，然後用手推車送到迷宮旁的自然堆肥場做堆肥。之後幾天我們幫忙拔雜草將步道整理乾淨，馬克和另一位長期工作夥伴將一些整理下來的樹枝樹葉燒成灰燼，之後也要用來堆肥，我們一邊工作一邊感受花園裡的蟲鳴鳥叫、微風草香，深刻地與土地連結著，對於長期生活在都市的我們來說，是難得愜意的田園小時光。

在克魯尼主建築物後方的小山丘上，沿著螺旋狀的小徑慢慢爬上山頂，有一處是三位創辦人經常上來冥想或做心靈工作的地方，他們稱之為「能量點」(Energy point)。一日早晨，我在爬山丘途中發現了和我手掌一樣大的香菇，要知道，我的手算大，這裡的香菇竟然長得這麼大一朵，而且還沒被吃掉（誤），吸飽能量的香菇果然不同凡響！這裡也推薦給粉絲來踩點打卡。

原始的網球場現在已經變成停車場，後方則是大片樹林環抱，我的培訓同學們經常早晨去那裡散長步，聽說甚至可以從這裡走到鎮上。

Balance

克魯尼花園的各個角落（左下 © 芬活基金會）

愛琳．凱迪 Eileen Caddy MBE

一九一七年八月二十六日 —— 二〇〇六年十二月十三日

© 芬活基金會

愛琳．馬里昂．傑索普（Eileen Marion Jessop）出生於埃及亞歷山大市（Alexandria），父親是愛爾蘭裔阿爾伯特．傑索普（Albert Jessop），他是巴克萊銀行（Barclays Bank DCO）的董事；母親穆里爾（Muriel）是英國人。愛琳是家中四個孩子中第二個，六歲時被送往愛爾蘭的學校與姑姑住在一起，假期時才回到埃及。她十六歲時父親因腹膜炎在埃及去世，全家移居英國。兩年後悲劇再次發生，母親因腦膜炎去世。她上完大學後便與她的兄弟在牛津郡的皇家空軍基地購買並經營一家酒吧為期四年。

她在此遇見英國皇家空軍軍官中隊長安德魯．康比（Andrew Combe），一九三九年就在第二次世界大戰開始前幾個月兩人結婚了。隨後她與丈夫一同前往倫敦和美國，最後到了伊拉克，共育有一子四女。安德魯是道德重振協會 (MRA，Moral Rearmament Assosiation) 的追隨者，這個組織有項傳統——「安靜時間」(quiet times)，在活動中他們會傾聽上天的旨意。即使當時愛琳對一些限制性做法感到不滿，但後來她曾提到早期安靜時間和「傾聽內在指導」(listening to inner guidance) 對她有一定程度的影響。

一九五二年當安德魯駐紮在伊拉克的皇家空軍基地，他讀了中隊長彼得·凱迪撰寫的一篇文章，並想將他帶入道德重振協會。隨後愛琳被介紹給彼得和他的妻子希娜·戈萬 (Sheena Govan)，希娜是信心會 (Faith mission) 創始人的女兒。由於他們都對神祕學和靈性充滿興趣，很快地愛琳就進入了希娜的圈子。

那時彼得的婚姻已陷入困境，桃樂絲曾提到當時希娜宣布自己不再是丈夫的另一半，而且彼得即將會遇到他的真正伴侶。果然後來愛琳和彼得墜入愛河，一九五三年回到英國後，她給遠在伊拉克的安德魯寫了一封信要求離婚，安德魯馬上禁止她去見他們的五個孩子。那時受了傷的愛琳和彼得一起去了格拉斯頓伯里 (Glastonbury) 的一間聖所，在此期間她第一次宣稱自己在冥想時聽見了「神的聲音」，祂說：「靜下來並知道我是神。」起初她以為這是自己開始神經衰弱的徵兆，但隨著時光流逝，她開始「愛上這個存在於我們所有人之中，從神而來如同樂器般的聲音」，隨後聲音指示她將希娜視為她的靈性導師。

希娜與彼得離婚後搬到了蘇格蘭馬爾島（Isle of Mull）。一九五六年秋天，彼得和愛琳帶著他們的兩個孩子一同過來加入了希娜的首批追隨者小組。愛琳離婚後於一九五七年嫁給彼得，一九六八年又有了一個兒子。同時，希娜的團體迅速地廣受歡迎，並被當地媒體稱為「無名者們」，並稱她為「女性彌賽亞」。

從一九五七年起，彼得和愛琳管理蘇格蘭一家破舊的旅館，也就是克魯尼山丘。在聲音的實際指導下，他們幫助旅館復活並變成一間四星級旅館。一九六二年初，這對夫婦和大多數員工被上級派去整頓在珀斯郡的特羅薩克斯旅館（Trossachs Hotel），但當他們央求調回離他們「任務」更近的福雷斯鎮時卻突然被解僱了。

木柵門上的文字：「原始花園，靜下來然後你會知曉。」© 芬活基金會

失業後他們搬進了度假用的露營拖車，停車處距離芬活漁村僅不到兩公里。在此他們開始種植蔬菜以補充食物，在德娃的幫助下，菜圃蓬勃發展到最終引起全國的關注，不但在一九六五年接受英國廣播公司（BBC）專訪，也得到土壤協會（Soil Association）喬治．特雷維揚爵士（Sir George Trevelyan）和夏娃．巴爾福女爵（Lady Eve Balfour）等人的支持。

以愛琳、彼得和桃樂絲的靈性實踐為中心，從一九六五年開始形成一個生活社區，最終成立芬活基金會。

芬活在一九六七年出版了愛琳的一小部分內在指引《上天對我說》（*God Spoke to Me*），這是她的第一本書，透過愛琳的傾聽與分享啟發了全世界數以百萬計的人們，也使得芬活更加廣為人知。

一九六九年英國廣播公司在幾部電視紀錄片中對芬活進行了報導，其中電視節目「世間人」（Man Alive）大大提高了這裡的知名度。很快地，芬活就成了世界各地成千上萬新時代愛好者最愛出沒的地方。

之後桃樂絲於一九七三年移居美國，而彼得則因愛上一名社區中的年輕女性而於一九七八年離開芬活。與此同時，整個八〇年代愛琳遊歷世界各地，在靈性聚會上演講並寫了幾本書，包括《每日指引摘要》(*Compendium of Daily Guidance*) 以及後來被翻譯成三十多種語言的《打開內在之門》(*Opening Doors Within*)，後來還有一本自傳名為《飛向並超越自由》(*Flight into Freedom and Beyond*)。

最終一九九六年在內在聲音的建議下，七十六歲的愛琳停止帶領工作坊。

至於她的家庭生活，於六〇年代後期愛琳已與她的第一個家庭和解。一九九七年，她的八名孩子第一次聚在一起為她慶祝八十歲生日。

二〇〇一年她在英國第四頻道的「上帝名單」(The God List) 節目中被評選為英國前五十名最具精神影響力的人物之一。基於她對靈性追尋的服務，愛琳於二〇〇四年被英國女王伊麗莎白二世授予大英帝國 MBE 勳章（英國授勳及嘉獎制度中的一種騎士勳章）。

愛琳留下指示說她的死亡將是值得感恩而無需哀悼之後，於二〇〇六年十二月十三日離世。時至今日，當初承載著芬活創始人與精神的露營拖車，仍停放在原始花園一隅。

愛琳的「內在聆聽」成為芬活的三大核心精神之一。

內在聆聽

「意識到你內在擁有的所有智慧、所有知曉、所有明瞭，你無需從零開始，只要花時間安靜下來，然後往內心深處去發覺它。」～愛琳

愛琳幫助大家認識到神或上天是每個人內在的神聖本質，她的內在指導一遍又一遍地說明這一點，但就連愛琳自己也是花了好幾年的時間才接受。一開始，她內在的聲音稱呼她為「我的孩子」並像一名慈愛的父親一樣對她說話，而他最知道什麼才最合適他的孩子。之後隨著關係轉變，她的聲音開始稱呼她為「我的摯愛」，但始終仍強調個人的自由意願和選擇。

© 芬活基金會

愛琳是這麼描述的：「祂並非在高處噴出岩漿火焰的神，而是慈悲與愛無所不在的泉源，祂唯一的願望是讓眾生發揮自己的最大潛力。透過與上天連結的過程，以新的眼光在一切事物中認識其中的本質，這也是創造新事物的方法，以轉化為造福所有人的形式。

「要全然信任生命的歷程，相信神靈、上帝、宇宙、愛……或任何你偏愛稱呼神聖本源的方式。所有事物包括我們自己在內都存在與生俱來的內在智慧，當我們和它調頻，就可以連結它。每個人都能做到這一點，並為自己找到上天的靜定呢喃聲。」

透過冥想或在大自然中慢慢安靜下來，我們能夠進入內在並發掘深層的覺知，這是一種超越小我的感知力。在芬活，此一過程被稱為「內在聆聽」(Inner Listening) 並會以獲得的訊息作為生活指導方針。在芬活也普遍地應用「調頻」，即有意識地運用生命相互連結的方式。

最初愛琳搬入拖車時，因為狹小的空間沒有一處可以讓她安靜的地方，為了取得一絲平靜，她決定去公共廁所冥想：「我也想過那裡可能不適合，但內在聲音還是繼續出現，所以我想，好吧，那我就在這裡冥想。結果我在那裡有很美好的經驗與指引，就在公共廁所內，我想這證明了神就存在我們心中，無論你是在公共廁所或是美麗殿堂，神就在你之中，神無所不在。

「很幸運地那時一共有三間廁所，所以當我佔用其中一間不至於影響其他人。（笑）」

現在在芬活不必在廁所外排隊，而有專屬的靜心聖所 (Sanctuary) 可以冥想、靜心和沉思。公園基地的聖所就在原始花園旁，和在克魯尼山丘一樣有每日的靜心時間表，你可以挑選適合的時段、內容和形式來自由參加。

＊＊＊

我的義大利臉友也是蛻變遊戲培訓師的伊莎貝拉．波帕妮（Isabella Popani），有一次在臉書上分享了一個小故事：「我的朋友問我是否可以分享愛琳來我家做客時的經歷。我想起一個非常特別的時刻。

「我住在米蘭附近的一個村莊，每天早晨工廠的警笛聲大到可以把整個國家吵醒，這令我十分不安，更尷尬的是，當訪客來到我家時，我發現我忘了提醒他們可能會被這個警笛聲給吵醒。

「一早正當愛琳在我家準備吃早餐時警笛聲響起了，她問我：『那個如戰車一般的警笛聲是什麼……，是工廠，對嗎？』我感到自己立刻臉紅了，但令我驚訝的是她馬上說：『這是不是很棒呢！它每天來提醒你是時候與上天對話了！』

「這就是愛琳。」

註4：本書中三位創辦人的談話內容來自於芬活基金會保存之影片或錄音檔內容，由作者編譯。

愛琳和彼得坐在公園靜心聖所前 © 芬活基金會

無明

芬式生活與大自然和靈性如此緊密地連結，感覺這裡的人應該十分悠哉緩慢，但我發現他們做事卻異常嚴謹與認真。

我第一次到芬活參加蛻變遊戲教練培訓時，曾和一位同時間來芬活參加其他工作坊的學員聊天過，某一天正好輪到他做 KP，在餐廳裡他一邊擦著餐桌一邊問正在用餐的我：

「你哪時候做 KP？」

公園靜心聖所內的一幅天使玻璃拼貼

「我？我不用做。」

「為——什——麼？不是每個人都要做嗎？」

「哦，因為培訓師說我們參加這個培訓實在太累了，所以已經和基金會協調過，讓我們可以豁免做 KP。不過做 KP 是幹嘛的啊……？」

這一個學「玩遊戲」的課程不但安排了兩個禮拜的全天這麼長，有幾天甚至連晚上也要上課，而且居然緊湊到可以唯一豁免 KP，你可以猜想蛻變遊戲的基礎培訓是有多麼認真辛苦了！所以我是在第二次來芬活參加體驗週時才真正體驗到什麼是 KP。

＊＊＊

為期兩週的教練培訓中間有一天安排了自由學習日，這一天是給上課學員喘口氣以及有時間自己複習好跟上進度的空檔，只要是連上過十四天基礎培訓的同學都知道，這一天的空檔是在感覺自己快撐不下去的時候，一場久旱之後的天降甘霖，不但格外珍貴又來的正是時候，我只能讚嘆他們連休息時間都安排得如此精確與巧妙。總之，在克魯尼山丘被關了一星期努力學習的我們，都想趁這一天也是唯一的機會去公園基地走走。我們各自遠從美國、瑞士、荷蘭、瑞典、澳洲還有台灣飛來，而且全都是第一次來到芬活。

即使來到芬活令我感到十分雀躍，但說實話當時我對芬活的認識真的極少，我連芬活有三個創辦人、社區是怎麼樣地傳奇都一無所知，當時我的頭腦認知完全沒跟上內心的澎湃洶湧，事後想起來我還真是莫名其妙。

於是在自由學習日前一天，當大家紛紛興奮地討論要去公園的事時，

瑞士同學說：「啊～我要去看那輛拖車！」（拖車?!什麼拖車？看拖車幹嘛？）

美國同學說：「我想去參觀原始花園！」（時間這麼寶貴幹嘛要去逛花園？）

荷蘭同學說：「有一幢很特別的建築我一定要去看！」（哈囉……暫時無人接聽……）

我完全不知道同學們在說什麼。

＊＊＊

培訓中某一天在餐廳準備吃飯時，我的培訓師安吉拉．莫頓（Angela Morton）拉著我，向我介紹一位滿頭銀髮的女士：「這位是瑪麗．英格利斯（Mary Inglis）。」我還搞不清楚狀況，瑪麗就說：「你自由日那天要做什麼？會去公園嗎？如果你要去的話，早餐後你可以搭最早一班接駁車到公園，我會在下車的地方等你，然後我們可以聊一聊開課的事。」原來在出發到芬活之前，我曾寫信問道：「嗨，我這次要到芬活參加培訓，以後想在台灣開培訓課，到時候我應該找誰談呢？」電郵回覆我到了芬活之後會有人和我接洽，原來就是瑪麗。

到了自由日那天同學們都想要賴床，他們決定下午才去公園，那時我有點後悔，但因為身負重任我只好如常早起吃早餐，然後獨自搭上往返於克魯尼山丘和公園之間的接駁車。

兩個基地之間開車大約十五分鐘左右，接駁車有固定的時間表，大致上都是配合兩地的活動時間來安排，如果有人要到福雷斯鎮上中途也可以下車。從克魯尼山丘出發的最早班次剛好可以趕上公園八點半的冥想。

本來我還有點擔心下錯站或是下車後找不到人，結果下車處根本就是終點站，是兩邊停靠車輛的小馬路，路口有一間鳳凰商店如此而已。我四處張望了一下，總是帶著微笑的瑪麗不知道從哪裡冒出來，打完招呼後我以為我們要開會去了，沒想到她問我：

「等一下冥想就要開始了，你想參加嗎？」

「冥想？好啊……。」（相當隨和）

我第一次親身踏入芬活的本源，就在不明就裡的無明狀態下發生了，做冥想我可以理解，但當時的我根本不知道這場八點半的冥想代表著重大的經典意義，還有這幢靜心聖所的殊勝之處。即使如此，脫了鞋進入聖所之後，我按耐著極度的好奇心讓自己慢慢安靜下來，一起加入這個特殊的能量場之中。

公園

保羅．霍肯（Paul Hawken）在《芬活的魔力》（*The Magic of Findhorn*）一書中對這個地球上的生態伊甸園做了這樣的描述：

「在各種媒體上都能找到關於蘇格蘭北部一個名為芬活的小社區的故事，在這裡人們

至今原始拖車仍停在原始花園旁靜靜守候（上）、公園基地的辦公室（左下）、圖書館的入口（右下）

公園建築物一角，提醒著保持安靜

與植物交談取得了令人驚奇的成果——賦予蔬菜與花卉生命的天使故事，以及植物表現出令人難以置信的生長耐力：十八多公斤的包心菜、兩米半的飛燕草和盛開在雪地上的玫瑰——這是一個距離北極圈不遠且寒冷、受風吹拂、伸向北海的半島，當地土壤像海灘一樣沙質化。

「芬活是光與力量的體現，可以在我們有生之年轉化我們的星球。」

從巨大的包心菜開始，傳奇故事讓芬活迅速地廣為人知，因此許多人加入了他們的行列。最初的六人小組很快地成長為一個小社區，成為一種開創性精神的生活方式，大家致力於這條心靈之路，並在與大自然和諧相處的原則下繼續開發菜圃，這一切都發生在公園這塊基地上。

就連愛琳回想起這些經歷時都不禁說：「這實在很荒謬，我們都以為生活無論如何會繼續向前，我們很快就會搬走，不但我們自己無法想像會有任何人想要來這裡，更沒料到後來竟然會有成千上萬的人來到這裡，回想起來這一切意料之外的發展就這麼發生了。」

一九七二年五月九日芬活基金會成立，正式註冊為蘇格蘭非營利機構。

之後基金會於一九八三年買下露營拖車停車場，在原來光禿禿的停車場上開發出大片綠油油的菜園和花園，讓這個基地真的變成綠意盎然的「公園」（The Park）了。最初的菜圃如今已經不種菜了，而是種植各種香草和花卉轉型為原始花園（Original Garden）。無論是農園或是花園，在芬活皆稱之為 Garden。

公園基地的發展過程 © 芬活基金會

公園靜心聖所

聖所之平行時空

「早期我們在一輛露營拖車裡靜坐，它就停在原始拖車的後方，我們擠一擠一共可以容納七個人。冥想之後我們會互相分享得到的靈感或意象。一九六八年初，愛琳指示將會有更多人加入我們這個仍處於雛形的社區，未來會需要一處更大的空間來冥想。」芬活社區最早的成員之一約翰．威倫納（John Willoner）回憶當時起造靜心聖所的起因。

彼得則在《完美時機》（*In Perfect Timing*）這本書中提到：「愛琳再次接收到靜心聖所的意象：聖所將是一座簡單的結構體，牆上沒有任何圖騰符號或照片，也沒有聖壇；如此一來，來自不同靈性道路或宗教的人們在此均能同樣感到舒適，而且當大家一起聚集在此時能夠合而為一。」

彼得迫不及待地丈量了可用的空間並提交建築計畫，同時聯繫幾個月前才建造教育辦公室的建築商。彼得、約翰和丹尼斯·奧爾姆(Dennis Orme)三人一起清理出建築空間，為了將最適當的能量振動導入基礎之中，他們用手攪拌地基的水泥。還有許多人也希望為這個空間貢獻他們的特殊禮物，但愛琳的指導明確指出必須保持空間的純粹，於是最後唯一被接受的是一張日出的掛毯，並且有一筆匿名捐款支付了起造的費用。

在四月復活節當天聖所開幕了，當時有十個人在場，彼得朗讀了當天愛琳的指導然後靜默。現在聖所近在咫尺，愛琳不再需要去公共廁所接受聲音指導，之後有越來越多人在此參加早上八點半的冥想，彼得經常在晚上演奏古典音樂，在這也舉行了一些其他的音樂會。

聖所的大門總是保持開放，即使在聖所的東面就是一片蠻荒之地，他們堅持這裡也必須保留給荒野，因為這裡也是大自然精神（或精靈）的家。這樣的精神從一剛開始就保持到現在。

隨著時間過去聖所也另有他用：這裡曾舉辦嬰兒祝福和婚禮，有些研討會在這舉行工作坊，定期有部門調頻，週日早午餐前有孩童靜心……等。七十年代初期大衛．斯潘格勒（David Spangler）在此進行了一百多場的演講，關於大衛的故事會在後續桃樂絲的介紹篇章中詳述。

聖所一直是芬活社群的重要精神中心，從此開始，各種活動如雨後春筍般展開。現在聖所已為數以萬計的訪客提供服務，蓄積了半個多世紀的冥想，此處的精神能量不斷地提昇。

《光之手》作者芭芭拉．布藍能也曾讚譽：「我所見過最清淨的冥想空間是蘇格蘭靈性社區芬活的聖所，芬活此地以人與自然的依存而聞名。在這裡，社區每天都要舉行好幾次靜默冥想，多年來已經建立起一種與大自然能量同步的奇妙清淨能量場。」

＊＊＊

原以為體驗週會比培訓輕鬆多了，沒想到一週課表從早到晚一樣排好排滿，絕對要讓我們不虛此行，他們真的太認真了！除了有兩個晚上可以自由活動，唯一白天的自由時段只有一個上午，大家都很興奮地計畫要去公園蹓躂，我也曾和大家分享過第一次到公園的經驗，所以大夥兒打算第一站就要一起去參加冥想，大家都滿心期待。

當天早上在等接駁車時，第一班巴士只剩下兩個座位，我們人多怕一臺車坐不下，於是讓兩位團員娜拉和利利銀先搭這班，其他人就等下一班，我交代她們倆下車後就在停車處等我們，這樣一來就萬無一失。途中希瑪突然說要去另一處靜心地，我雖然感到奇怪，但想她熟門熟路的也就不管她，只顧著等一下下車後得要帶著大家趕緊去聖所，因為下車時間距離冥想開始只有五分鐘。

巴士一抵達公園後，不知怎麼搞的整個停車處安安靜靜沒見到娜拉和利利銀的蹤影，我只好先帶其他人繼續前進，一邊試著傳訊息找她們倆個。我們快步走著，咦，怎麼走到原始花園了？不知在哪個彎我走錯了方向，還好有夥伴提醒，我們趕緊繞回聖所，然後傳訊息給不見人影的兩位夥伴，告訴他們直接去聖所。這段明明是很短的路程，卻搞了一會兒才走到，我們雖然遲到了幾分鐘，但因為人多勢眾（誤），所以還是讓我們進去了。

脫了鞋，大夥兒各自找位子坐下，今天人特別多，因為還有其他國際體驗週的團員都擠了進來，內圈坐地墊的、外圈坐椅子的，整個房間全都塞得滿滿。

咦？我眼角餘光掃到希瑪，她怎麼已經好好地坐在裡面？暗自納悶她不是要去另一處靜心嗎？我也沒看見搭頭班車的兩位夥伴，按耐著心中問號與不安，只能趕快安靜坐下，入內之後也不能在裡頭交談，必須保持靜默。

帶領者開場說了幾句話之後，大家就在靜默中冥想……。

結束後，我們走到門外，才遇見憑空消失的兩人，

「你們去哪了？」

「我們乖乖待在下車的地方等啊！」

「可是我怎麼沒看到你們？我們十幾個人下車也一定很吵啊，應該會聽到我們到達的聲音。」

「沒有啊，一直很安靜，連車子的聲音也沒有，我們一直在那裡享受鳥叫聲和大自然……。」

「希瑪，你勒？你不是說要去另一個地方靜

公園靜心聖所內部

心？」

「誒？我就是說這裡啊！」

或許在那一刻，時空裂開一條縫，我們都各自遁入平行的時空場了吧⋯⋯。

與大自然智慧體共同創造
Co-Creation with the Intelligence of Nature

一九九二年於芬活基金會三十週年慶時，鐵木製片(Ironwood Productions)訪談了三位創辦人，其中桃樂絲談及她與植物智慧體初次接觸的過程：

「當我們住在露營拖車時，我不斷試著去找工作，因為我有速記打字的工作技能，照理說應該很容易就可以找到一份辦公室的工作，但不知為何我就是遍尋不著。

「某天早上我照例進行冥想，在冥想中內在指引告訴我，我將和大自然一起工作！我想，好

© 芬活基金會

吧，這應該是一個很好的理由去散步和曬太陽。我本來就經常和彼得分享我的內在指引，但那時當我告訴他我將和大自然一起工作時，他立刻回答：『好的，也許你可以來幫忙種菜！』當時他種菜種得很辛苦，畢竟沒有人會知道要怎麼樣在蘇格蘭北方的沙地上種出蔬菜來。

「隔天我繼續調頻，聲音告訴我自然萬物皆有其靈魂智慧體（soul intelligence），無論是一顆星球、一片雲或一株蔬菜。於是我接著再與智慧體調頻，但同時我的頭腦立刻出現：我做不到、我不知道怎麼做……等的念頭，所以有時候我會跟我的內在指引起爭執（不好意思地笑），但指引告訴我這並不困難，只要我安靜下來然後聆聽上天，這樣就夠了。但我根本無法想像我究竟要怎麼做才行，即使彼得一定會說這很容易，但

桃樂絲 © 芬活基金會

我就是想不通這怎麼可能會很容易，我連蔬菜的智慧體到底是什麼都不曉得，這太荒謬了吧！我只知道怎麼與自己的內在本質調頻，因為那時我已經持續地鍛鍊了十年。

「後來有一天我正在冥想，突然有一股能量注入我，我感覺到無所不能，『啊！現在是時候試試了！』所以我開始與大自然智慧體調頻。我挑了其中一種我們正在菜圃嘗試種的，也是我喜歡吃的豌豆，我試著去調頻所謂豌豆的本質。我認為萬物的外在型態是內在本質的象徵，而我對豌豆的外型再熟悉不過，包括葉子的形狀、莖的顏色、花朵的香氣還有嚐起來的味道，所以什麼是豌豆的本質呢？什麼是所有這一切的核心？我試著調頻至那股振動，出乎意料之外我得到一個立即的回應，這經驗就像是當我調頻至內在神性時一樣，我化為語言的形式。祂說祂正在進行自己的任務，而我直接闖入了祂的意識，當時我並不感到奇怪，因為我實在是太專注了（開心地笑）。

「祂希望人類也能以自己的方式存在於相類似的意識，因為我們都是生命偉大的存有，但我們並沒有好好運用我們的能力，在這植物的第一個訊息中，祂真的試著要讓人類知道我們是生命偉大的存有，可以與祂們一起合作、一起調頻，並成為真正的自己。

「我不知道要用什麼詞彙來代表這個接觸，我希望我能接受天使這個名詞，但對我來

克雷格正在說明他們的堆肥方式以及他們是如何改良當地土壤

說祂並非天使，而是一種力場、能量場，天使比較像是帶著翅膀和豎琴下凡這一類的印象。我曾聽說天使的梵文是 Deva（本書中音譯為德娃，以此作為芬活專用的尊稱），所以我決定採用這個說法，因為這樣比較自由。現在我又改回天使了，因為祂也可以代表各式各樣的意涵，哈哈！

「同時我認知到我調頻的這個智慧體能量不只是發自一株小小的豌豆植物，而是發自地球上所有豆植物的集體靈魂層次，祂是豆王國的靈魂，是星球級的存在體，這一點真是讓我難以置信，我正和一個能同時覺知整個地球的智慧體在溝通！

「無論如何，我還是將這第一個訊息告訴彼得，他毫不遲疑地接受了，然後他給了我一

庫勒恩花園的菜圃

張清單，上面列出菜圃裡各式各樣的一長串問題讓我逐一去詢問，這可是讓我忙了好幾年，哈哈哈……！

「至於我自己的內在指引也敦促著我與這個王國繼續溝通更深入探索，因為這不僅止於蔬菜，雖然頭幾年主要是針對蔬菜，但之後我們也開始種花了……，就這樣一直延續下去。」

透過桃樂絲與德娃進行有意識的交流並採取祂們的具體建議，幫助他們在幾乎貧瘠的土壤上得到不可思議的豐收。在這一項早期的工作基礎上，芬活成為與自然智能合作的先驅，這種實踐方式在芬活稱之為「共同創造」(Co-Creation)，代表每個人無論是透過先天的天賦或後天內在聆聽的訓練，都具有潛能與這個地球上的精微世界共同合作。

在芬活，這種與其他存有一起合作的精神亦帶入廚房、花園、農場和起居生活的日常中。在每次工作開始之前，芬活人都會邀請非人類的合作夥伴來與他們一起工作，例如正在照料的植物、一起同在的動物以及精微世界中的無形成員。這種合作不僅帶來實際成效，也取得與生命更緊密的連結，以及更具創造力的夥伴關係。

桃樂絲．麥克林 Dorothy Maclean

一九二〇年一月七日——二〇二〇年三月十二日

桃樂絲出生於加拿大安大略省（Ontario）的圭爾夫（Guelph），在西安大略大學取得文學學士學位。自一九四一年起她在紐約市的英國安全協調局工作，被派往巴拿馬後，她結識並與約翰．伍德（John Wood）結婚，後來於一九五一年離婚。

一九四一年桃樂絲在前往紐約的路上遇見了希娜，後來透過希娜她才認識彼得。桃樂絲於五〇年代居住在英國，開始參與希娜、彼得以及後來愛琳也加入的靈性修煉。當凱迪夫婦被任命在蘇格蘭經營克魯尼山丘旅館時，桃樂絲加入了他們，擔任旅館的祕

© 芬活基金會

書一職。

在凱迪夫婦搬進露營拖車後一年，他們加蓋了一個空間讓桃樂絲可以繼續與他們合作。桃樂絲在《聽見天使歌唱》(*To Hear the Angels Sing*) 一書中描述了她與德娃的合作以及部分自傳。另一部更完整的傳記《平凡神祕主義者的回憶錄》(*Memoirs of an Ordinary Mystic*) 於二〇一〇年出版。

一九七〇年大衛．斯潘格勒 (David Spangler) 前往英國，他聲稱無形的存有告訴他，他將在歐洲找到自己的「下一個工作週期」。當他抵達芬活時，有一位社區成員告訴他，愛琳早在三年前就已經預知到大衛將來到芬活工作及生活，即使當時並沒有任何人認識大衛，只是有人將大衛寫的一本小冊子寄給他們，從此三位創辦人就一直在等待擁有這個名字的人到來。

之後大衛的確留在芬活，也與彼得一起共同領導社區，直到一九七三年他與一群美國人和歐洲人回到美國，其中包括桃樂絲。大衛和桃樂絲一起在北美成立一所靈性教育的非營利機構——洛里安協會（Lorian Association）。

桃樂絲的童年居所——伍德賽德（Woodside）位於圭爾夫春天街四十號，後來被《安大略省古蹟法》（Ontario Heritage Act）指定為歷史性建築物。

二〇一〇年桃樂絲從公眾生活中退休並回到芬活。二〇二〇年一月她年滿百歲，不久後於三月在芬活去世。

桃樂絲的「與大自然智慧體共同創造」成為芬活的三大核心精神之一。

庫勒恩花園

現在種植蔬菜、花卉和香草的工作主要由庫勒恩花園（Cullerne Gardens）繼續接棒，這是芬活基金會三座花園其中之一，也是種植面積最大的一座。這裡主要由大約十二名

庫勒恩花園與溫室

園丁負責，其中包括園藝學校的學生，他們一起在這裡學習農作與大自然互動。

這裡也會舉辦其他研習活動，包括生態村體驗週或像是「學習障礙、自閉症和阿斯伯格斯症成人照護農場」，還有一些與大自然連結的活動。

庫勒恩花園實行百分百的有機種植，不使用任何人工肥料或殺蟲劑，而是使用天然的堆肥，其中包括廚餘回收。堆肥是花園最重要的遊戲之一，因為這裡的土壤屬於沙質，需要十分努力才能使土壤肥沃。在這裡製作堆肥使用的是社區廚房產生的所有廚餘，再用糞便和花園裡的材料等分層堆疊。

庫勒恩花園的收成主要供應芬活基金會，也就是公園和克魯尼山丘的公共廚房，以供全年拜訪基金會的訪客食用。多餘的蔬菜也會在公園的車道尾端裝在一輛大推車上，供當地居民透過捐贈來購買。

此外，在芬活社區內也有一些共享的花園，許多居民在自己房屋周圍也有小菜圃。

在我們體驗週的活動中，有一整個上午的團體工作是專門來幫忙庫勒恩花園的工作，我們幫忙施肥、除草並協助搭建一座新的小水池（以及現場現摘試吃）。

庫勒恩花園的荷花池

以愛行動

「以愛行動（Love In Action）。愛你所處，愛你所做，愛你與之共事的人。」

～彼得

先前桃樂絲提到她與德娃的第一類接觸，她第一個分享的對象就是彼得。彼得在社區工作中展現他極為強大的行動力，不但在第一時間支持愛琳所接收到的聲音，他也毫不遲疑地實踐德娃的建議，是他將所有的靈性指導化為物質界的具體展現，對芬活的建設與管理有至關重要的影響力。於基金會三十週年慶的訪談中，彼得和桃樂絲進行了以下的對話：

彼得：「我堅定不移地相信桃樂絲所接收到的訊息，而且我得到的答案真的都行得

彼得和長得極高的飛燕草
© 芬活基金會

通！所以當我種菜遭遇困難或缺乏相關知識時，我就會找桃樂絲：『嗯……，你可以聯絡萵苣德娃問一下為什麼萵苣都死掉了嗎？』每一次我都會得到合理且有幫助的答案，然後付諸實行。所以我常常去找桃樂絲，去接收德娃們的訊息。」

桃樂絲：「我自己沒有菜園，更別說種菜的經驗，我個人根本不可能提供任何種菜的知識，這些資訊純粹來自於植物王國。」

彼得：「我也沒有什麼種菜的經驗，除了曾看過我父親種菜。即使我花了整個冬天閱讀種菜相關的書，但我很快就忘了我讀過的內容，所以我需要經常拜訪德娃們。」

桃樂絲：「我們從未料到這樣的團隊工作成果會如此驚人，直到有鄰居來拜訪。」

彼得：「對，當開始有人要來拜訪我們的菜園時，我就想，這些人為什麼要來呢？這不就是普通的菜園嗎？原來他們想要像我們一樣種植球芽甘藍，我們種出來的差不多都有一兩百公分，但他們的甘藍在外觀、尺寸、活力上都和我們的截然不同，我們看到之後十分驚訝，那時才知道，嗯，我們這邊發生的情況的確有點特殊。」

桃樂絲：「在歷史上，每個傳統文化都有這種與大自然存有連結的經驗，但基於各種原因有很長一段時間在西方文明中這部分已經被遺忘了，我想，這是我們回歸這種傳

原始拖車旁的木柵門上寫著「以愛行動」© 芬活基金會

統的一個契機，不必將它視為迷信，重要的是去看這樣是否可以有實質的幫助。」

彼得：「當我旅行到世界各地，我發現所有原住民都受到地球母親的守護，他們可以看見並與大自然精神體溝通，或許他們以不同的形式見到，或以不同的名號稱呼，但在本質上祂們是相同的，如同德娃一樣。」

當時彼得光是執行德娃的指示就夠忙的了，實在沒時間去質疑這一切，只知道要不停地去實踐、去行動。對他們來說，只是一步一腳印地去行動，一切就如此自然而然地發生，於是他們也就自然地接受了。

從他們的經驗中，桃樂絲領悟到：「這些存有如何真實地存在，人們可以如何實際地與祂們協同合作，我想，這才是對這個世界最寶貴的一課。」

在芬活，工作的意義是指將全部的自己和最高的愛帶入日常生活中去實行的機會，透過時時刻刻將飽滿的愛投入在每一項任務當中，我們可以為自己和整個世界塑造新的意識。

彼得曾是一名軍官，所以他以身作則堅持要求社區成員將這種態度帶入每一項日常活動中，無論是耙樹葉、採收有機蔬菜或是做出重要決定，能夠以最崇高的靈性渴望和熱愛做事，每一天都會成為成長和探索的機會。同樣地，要是我們以愛和清晰的意向做事時，適當的人、資源和實現結果就會找上門來。

在社區發展早期有這樣的一個例子，彼得在內在指引下借錢買了幾棟平房，儘管當時社區僅有寥寥數人，但在短短幾個禮拜後這些平房全都住滿了，因為有很多人都想住在這個令人熱血沸騰的實驗性芬活。在對的時間顯化對的事物，這在芬活越來越常見，因此「期待奇蹟」(expect a miracle) 成為社區的座右銘。

無論事情看起來多麼平凡無奇，在芬活強調持續將愛和靜觀帶入每一刻，這是為什麼在每次開始工作之前，都會先回到當下的臨在，然後調頻校準人和人、人和手上任務之間的頻率，並邀請和我們一同協作的夥伴，無論是有形的或是無形的。這樣的踐行

BULLW

大家在庫勒恩花園及克魯尼花園中一同以愛行動

是去認知到我們所做的一切，無論事情大小，都是超越過去限制性信念並塑造新未來的好機會。

直覺閃電行動

一九九一年彼得在公開演講《顯化法則》中，自述了幾段他跟隨直覺採取行動的親身經歷。

有一次是在大戰結束後不久，愛琳、希娜和他三個人在倫敦的一家餐廳喝茶。當時他的咖啡都還沒喝完，他突然靈光一現覺得應該要去拜訪一位住在附近名叫傑克的人，他告訴其他兩位：「我去去很快就回來，我只是惦記他。」等他回來之後，希娜才告訴他，傑克曾是一名海軍指揮官，他擁有一支左輪手槍，原本想要自殺。彼得回憶說：「我希望傑克並非真的想這麼做，但那一次經驗讓我學到一定要相信直覺的提示然後即刻行動，我從未忘記過這一點。」

後來又有一次，他們三個人在蘇格蘭西海岸城市奧本（Oban）的一家小咖啡廳喝茶，這次他又在靈光提示中看見一位住在英格蘭南海岸的男士，和上次一樣，他茶還沒喝完就站起來說：「我不知道我何時會回來，但我要去見某個人。」當時他摸摸口袋，身上就只有一先令，但他絕對相信這是個學習的好機會，說時遲那時快，有位女士正開著一輛旅行車從大街上過來，他立刻攔下她然後問：「我可以搭你的便車嗎？」原來這位女士正巧要南下去倫敦！而且她是一名靈性追尋者，因此他們一路上聊得很愉快，更何況她帶著一大籃食物，裡頭還有一整隻雞，所以彼得說：「當時我的內外在都非常飽滿」。

當彼得南下到目的地後，又回到倫敦西區的大理石拱門，這裡是北上蘇格蘭的大北路(Great North Road，倫敦和蘇格蘭之間的主要公路）的起點。接著彼得必須要北上回到奧本，他先是搭上一輛卡車的便車，當卡車停在格蘭瑟姆(Grantham)的一個紅燈前，他又看到一位女孩駕著一輛跑車且前座是空著的，於是他問這位女孩：「你要去蘇格蘭嗎？」她回答說：「是」，彼得坐進了這輛跑車，她馬上嗚嗚地（引擎聲）前進。

彼得回憶說：「如果當時我沒有立刻採取行動（彈指聲），她馬上就會開走，那我將會錯過這個好機會，她可是以一百四十多公里的時速在前進！況且她不只是開往蘇格蘭，剛好她要去卡萊爾（Carlisle，距離英格蘭與蘇格蘭邊境僅十六公里），而且她跟我一樣很愛講話，除此之外，她還長得很漂亮！就像《聖經》所說：你們要先求他的國、他的義，其他的將隨之而來。」

所以彼得順利抵達卡萊爾了，當時天色已晚，他要怎麼樣去奧本呢？此時正好有一輛載著漁獲的通宵卡車駛來，彼得上了車。

彼得看了看司機對他說：「你看起來很累。」

司機回答說：「對啊，我已經連續開了十七個多小時的車。」

彼得：「你何不讓我開車？」

司機：「你會嗎？」

彼得毫不遲疑地說：「當然！」

在演講中，彼得對聽眾說：「我這輩子從來沒開過卡車……。要記得，我學到永遠不要說『不能』，所以那時我開了一整夜的車，好讓司機睡覺。當我們抵達奧本時天色剛亮，他很高興，所以請我吃了一頓很高級的早餐！

「我帶著一先令行走了五千六百公里，速度比我自己開車往返還快，但我只是跟隨內在提示即刻去行動。說不定你們會在芬活看到我正在寫信，要是直覺叫我去某個地方做某件事，我就會馬上起身，我認為這才是最佳時刻，即使不見得每個人都懂得欣賞這一點……。」

彼得這一系列旅程當中的同步性真令人難以置信，但卻反應出他十分獨特的信念與特質。

彼得．凱迪 Peter Caddy

一九一七年三月二十日——一九九四年二月十八日

彼得在英國倫敦近郊的哈羅(Harrow)受教育，他曾在J. 里昂(J. Lyons)——英國連鎖餐廳、食品製造和酒店集團擔任學徒，是玫瑰十字會(Rosicrucian)的團契成員。第二次世界大戰爆發後，他在一九四〇年至一九五五年間被任命為皇家空軍餐飲部門的軍官。

一九四七年彼得在英格蘭的火車上遇到了希娜，

彼得漫步在花園中 © 芬活基金會

彼得與眾人在尚未完工的環球大廳內舞蹈 © 芬活基金會

後來兩人於一九四八年結婚。那時希娜居住在倫敦，由於她的父親是信心會創始人，她受到家庭傳承的影響整日接受人們尋求幫助與指導。愛琳於一九五三年在倫敦加入他們，不久之後桃樂絲也加入，後來這個小組解散了。

彼得自一九五七年起擔任克魯尼山丘旅館的經理。一九六二年失業後，彼得開始嘗試種菜，後來引起全國的關注形成了芬活社區。彼得將這項成功歸功於他的靈性修煉。

一九七八年彼得離開芬活，後來於一九八二年與愛琳離婚。彼得移居美國後，在加州建立了芬活風格的社區，成為新中心「路之匯」(The Gathering of the Ways) 的負責人。他後來再婚並繼續旅行和教學。

一九九四年他不幸地在德國一場車禍中離世。

彼得的「以愛行動」成為芬活的三大核心精神之一。

芬活社區

芬活社群達到一定規模時，彼得和社區成員按照愛琳傳達的內在指引，陸續打造了更多社區的公共設施。

社區中心 (CC，Community Center) 一直是社群的重要聚會場所，是眾人的社交中心。愛琳的兒子喬納森．凱迪 (Jonathan Caddy) 回憶道：「當社區中心在一九六九年建成時，這裡只有十三個人。但是我母親的內在指導是：我們需要一間可容納兩百人的廚

多數人仍住在拖車中的社區階段 © 芬活基金會

社區中心外的午餐時光 © 芬活基金會、鳳凰商店（左下）、社區中心（右下）

左：環球大廳 © 芬活基金會（上）、鳳凰咖啡廳（下）
右：環球大廳活動中的蠟燭（上）、「停止擔憂」（中）、商店的窗景（下）

房。」後來不斷成長的社群在這裡用餐、會面、聊天、交換想法和休息，並共享「廚房派對」的時光，這裡是社區日常生活最熱鬧的地方，充滿了各種大小聚會的美好回憶。

環球大廳（Universal Hall）則是社區的活動中心、會議廳和藝術表演廳。它的基本形狀是五角形，外牆是手工雕刻的石材，入口是宏偉的彩色玻璃，空間共可容納近四百人。以上這兩座大型公共建築都充滿了愛的心力，皆由社區成員、訪客或在此居住的志工共同用心打造。

愛琳在一九七六年四月曾寫道：「今天早晨我走進大學禮堂（University Hall）（後來才改名環球大廳）時，猶如受到敞開的雙臂歡迎，我從祂的整體存有感受到一股巨大的愛之流。當我坐下來傾吐我對祂的愛，我感到我與這個存有極致地合而為一，祂非常輕緩地呼吸，然後我坐下來冥想，並詢問該如何使用大學禮堂，我不確定是德娃還是禮堂的存有回答了我的問題，但答案十分清晰：『我不該被視為傳統的聖殿，而應是新時代的聖殿——充滿愛、笑聲、歌聲、舞蹈和歡樂，我需要更多的生命在我之內，我將被多元地使用，擺脫你們對聖殿的既有觀念和形式，要知道我是嶄新的、嶄新的、嶄新的且美妙的存在。』」

＊＊＊

環球大廳入口旁全年開放的鳳凰咖啡館（Phoenix Cafe）以前稱為藍色天使（The Blue Angel），這裡既有室內座位又有一個受歡迎的室外花園露臺區，並提供多種早餐和午餐選擇，以及以新鮮、本地和有機食材為主的小吃和冷熱飲，牆上裝飾著當地藝術家的每月展覽。當我在培訓期間拜訪時，看見一隻公雞正非常自在地在露臺上散步。

鳳凰商店（Phoenix Shop）位於公園的入口處，由一家新時代的專賣店開始，發展成一家生意興隆的社區共同合作社，這是一家屢獲殊榮的食品商店，專賣本地有機公平貿易食品，也是一家書店、另類療法藥局，亦販售手工藝品、禮品和音樂。

與芬活相關的機構都可使用當地的貨幣系統——芬活幣。

芬活幣、鳳凰商店 © 芬活基金會

左頁：威士忌酒桶屋 © 芬活基金會（左上）、克雷格向我們介紹他自建的家屋（右上）、在克雷格家屋頂上的蘇格蘭式下午茶（下）
右頁：芬活村的各個角落及其中的陶藝工作室（左中）

三位創辦人與社區成員在環球大廳前 © 芬活基金會

芬活村

公園基地的另一側是芬活村(Findhorn Village)，是大多數長期居民的住宅區，這裡也有幾個藝術工作室穿插在其中，像是陶藝與編織工作室。

在這不難發現草皮屋頂和太陽能電板，在此地還開發出「呼吸牆」的結構以及其他符合永續原則的建築設計，亦使用共享設施避免不必要的重複資源。一九九三年出版的《簡單造綠》(*Simply Build Green*) 就是關於芬活生態屋的研究。

其中最廣為人知的莫過於以回收

威士忌酒桶做成的特色房屋。資深社區成員克雷格．吉布森（Craig Gibsone）在體驗週活動中除了帶領我們走遍整個公園基地，對這裡如數家珍的他還特地帶我們參觀他的酒桶之家和他的叢林——自家的樸門農園。

克雷格自一九六九年來到芬活後從此再沒離開過，他對芬活的詮釋是這樣的：

「我意識到也感覺到芬活是一個能量試驗場、一個實驗室，人們在這裡可以嘗試自己從沒做過的事。芬活非常善於開發人類驚人的豐富性，這其中有一個很重要的因素，就是社區不斷地在進化，整個團體擁抱年輕人也擁抱老年人，擁抱不同的理念，以及來自各個國家各行各業的人。

「當中的凝聚力是一種免於教條或界線的自由，社區成員隨時盡力做到尊重和接納他人，並與自然合作。即使我們擔心自己缺乏經驗，得到的回應卻是要我們自己去調整，並尋求內在的指引及大自然更高智慧的協助。

「整個園區是全世界的縮影，地球上大多數地方發現得到的情況和挑戰，這裡同樣經歷得到。但我們對生命互相連結時時保持覺察，結合植物的生命力以提昇對大自然神性的覺知，將理想化為行動，找到方法釋放自己的天賦，化解阻礙與挑戰，創造最大的貢獻。就像是社區所有的主要建築都是遵循內在指導，信心力量的展現。」

＊＊＊

先前我的培訓同學說要去看一幢很特別的建築物，我們繞了村子一整圈還是沒找到，後來看了標示才在樹林間找到這幢哈比人的屋子——自然聖所（Nature Sanctuary）。

自然聖所是芬活著名的地標之一，建造者伊恩·特恩布爾（Ian Turnbull）在一九八六年就是因為讀了著名小說《魔戒》而觸發他想蓋一座哈比屋的靈感。此外，他覺得四處有非常多沒有充分利用的材料，因此他就在當地尋找可用的回收建材，例如：外牆是當地老房子的砂岩及政府造路在礦石場切割下來的石頭（有十億年石齡），地板是廢棄小屋的石板，屋頂是工地搶救下來的花園草皮，窗框是釀造蘇格蘭威士忌後被廉價賣掉的橡木酒桶，門板是農夫砍下的白蠟樹，屋頂支撐是被園丁疏伐下來要當柴燒掉的松木，還有建地淘汰的廢棄纜繩⋯⋯等。空間裡有引進自然採光的天窗，有象徵陽性能量的太陽，有象徵陰性能量的月亮，有象徵地球的物件，還有為了寒冷冬天在椅子下設置的暖氣設備，所有的細節都極富巧思。

這間自然聖所作為在大自然間的靜心空間，或是與訪客分享生命故事的場域，深受社群成員和訪客們的喜愛。

自然聖所 © 芬活基金會

調頻

我第一次調頻（attune）是在參加蛻變遊戲培訓的時候，當時培訓師向我們解釋了這項芬活傳統，之後我在帶領工作坊或培訓時也是依樣畫葫蘆。直到第二次再度來到芬活參加體驗週，在實際生活之中調頻讓我有了更深刻的感受。

在芬活，調頻是一項十分重要的基本動作，帶領調頻的人通常是聚焦人，在蛻變遊戲中便是由教練擔任。基本的調頻方式，大致是先邀請所有人右手掌朝上、左手掌朝下一起牽起一個圓圈，然後引導大家慢慢安靜下來，之後依照小組的目的與需求來引導整個小組連結在一起，並邀請共同創造的人事物，甚至是無形的存有，

克魯尼山丘用餐前的調頻

校準所有參與者在和諧一致的頻率中，當中也可以加上祝福或感謝。調頻的時機通常會在活動一剛開始或是結束前來進行，有時也運用在其他適當的時刻，例如會議的討論或決議。在教練版的蛻變遊戲中，也設置了許多調頻的環節。

我覺得調頻的作用就像是合唱團或樂隊在開始演奏前要先一起調音一樣，之後就能共同譜出美妙的樂曲，所以無論是要開始工作、吃飯、冥想或是在開會之前，若是團體先調頻就可以微調共振所有參與者的集體頻率。除此之外，像是用餐前的調頻還要記得感謝大自然供應我們食物，也感謝廚房辛苦的工作人員，以及感謝食物對身體的滋養等。調頻也像是讓所有人事物都同時登入Wifi一樣，建立彼此之間的「內在連線」。

我在克魯尼花園工作時，除了聚焦人之外有另一位工作人員是固定班底，但有時也會有其他部門的人來輪值，再加上我們這種參加體驗週來插花的，當時更加感受到調頻的重要，雖然我們與陌生的夥伴互不相識，但透過調頻在精神上相互連結，一下子彼此的界線就突然打開了。在花園工作，我們調頻時還會與花園的土地、植物、鳥語花香、空氣微風……等相連結，那種真正「接地氣」的體驗，比起只是在教室裡比劃更加立體。

體驗週活動中，有一項重要的環節是要將每個人分派到不同的部門去工作，每位團員要決定工作部門時，同樣也是用調頻的方式來決定去處。聚焦人先將所有「工作機會」一一寫在紙上，但是將空白的那一面朝上分散在房間各處，在調頻的引導之下，大家分別走向吸引自己的那一張紙，以這樣的方式「分配」工作。

團員們的工作調頻

我們這一團在工作調頻時，發生了一個很有趣的小插曲，當大部分人分別選定了紙張後，有兩位團員堅持站在同一張紙上，此時聚焦人並沒有干涉他們的決定，只是幫助大家回到內在調頻，讓這個情況自然地發展。又經過一陣走動，終於每一個人都分別站在一張紙上了，結果答案揭曉，原本兩位僵持不下的團員，根本就是同樣都要去克魯尼廚房，也就是說兩人堅持的同一張紙，和最後剩下的那一張，正面的結果一模一樣！這樣的現象不禁讓人感到十分奇妙啊！

這次的體驗，讓我回想到之前參加蛻變遊戲團體版和星球版的選組橋段，原來這個環節是真正從芬活的傳統沿襲下來，讓我對蛻變遊戲的設計與芬活精神之間的關聯更加心領神會！

體驗週的禮物

我們一行人帶著滿心期待來體驗芬式生活，很快地一週過去了，無論是從體驗週用心安排的每個環節或是與各個部門的互動，我能夠深刻地感受到芬活人是真正將內在修煉實踐在生活的點滴中。

對我來說芬活體驗週猶如一場進行整整一個禮拜的真實生活版蛻

乾淨毛巾上的溫馨提示

變遊戲，就像電影《野蠻遊戲》可以進入遊戲的每個真實場景一樣，現在我終於親身體驗到蛻變遊戲是怎麼樣塑造「芬活經驗」的，而且我意識到在芬活和在蛻變遊戲中都有一股看似有形又化為無形的力量，這股力量會在不知不覺中潛移默化我們的信念、習慣、感受，產生各方面的質變與蛻變。

在體驗週尾聲，大家也逐一分享這一週以來的體驗，有趣的是有人平時沉默寡言，但來到這裡他變得興奮多話還經常搶著第一個發言；也有人平時多話好動，但來到這裡卻很享受不說話的狀態，而且每天早上充滿動力的去參加冥想。大家在這裡有機會去嘗試從未做過的事，例如幫忙備餐、油漆、修剪果樹、堆肥、和大自然連結……，或是和不同國家的人一起工作、吃飯、歌唱靜心、舞蹈……，這些嶄新的經驗讓大家充滿驚喜，漸漸放下過去的包袱，突破自己的框架不限制自己，因為大家在這裡感到很自由，可以單純地做自己，不必想太多，在每個時刻好好去感受和體驗，盡情笑、盡情哭，可以輕鬆地和他人隨意聊天，分享彼此的感受。大家都很享受在這裡的狀態，這趟旅程幫助大家有機會深入地自我探索，一週後大家都有各種不同的變化，並且感到很舒服、很開心，充滿無法用言語形容的感動！

回想最初安排這次旅程的動機，就像我熱切地想把蛻變遊戲介紹給大家一樣，最令我感到開心的莫過於看到大家的逐步蛻變，而我此次體驗週的守護天使正是情誼！想當初我第一次來芬活，是我個人開始學習蛻變遊戲真正內涵的起始點；三年後當我再度回到這裡，我已完成了培訓師的訓練，也開始去協助他人學習蛻變遊戲真正的精神與內涵，這次體驗週的經驗不僅讓我對芬活的認識與連結又提昇到另外一種層次，對於芬活和蛻變遊戲之間緊密的關係也有更深一層的體會。

如同眾多的訪客一樣，我們也將這段自身的經歷注入這片土地，並帶著所有的內在禮物繼續往各自的人生路徑邁進。

在芬活海灘上

▲ 我們房門外的樹上有隻可愛的小猴住在那，每次出門前都要跟牠打聲招呼，後來發現，咦？牠會變姿勢！於是我們出門前也幫小猴換個姿勢，然後回房間的時候會發現牠又變姿勢了！每天一來一往，我覺得這變成我們和克魯尼山丘某個或某些人之間的祕密遊戲，我們默默地透過小猴在和他們互動著，即使我們彼此都不知道對方究竟是誰！

蛻變遊戲

凱西在泰國的星球版工作坊中點燃蠟燭作為開場

喬伊來到芬活

「我希望《蛻變遊戲》能塑造『芬活經驗』，讓大家能夠學習並得到如同住在芬活所獲得的啟發，而不一定要花三年的時間住在這裡。」～喬伊．卓克

《蛻變遊戲》是在芬活孕育出來的一套工具，這套工具設計的初衷便是希望透過桌上遊戲的形式，讓世界各地的人都能夠像住在芬活一樣獲得啟發。蛻變遊戲的兩位創作者喬伊．卓克 (Joy Drake) 和凱西．泰勒 (Kathy Tyler) 當時也是芬活社群的一份子。

喬伊回憶自己會來到芬活以及開發出蛻變遊戲這一切的開端：「我第一次有意識地接觸靈性是在六〇年代，當時在愛麗絲．貝利 (Alice Bailey) 一系列的著作裡經常出現一個名詞：靈魂挹注人格 (Soul-Infused Personality)，這個說法觸動了我，我渴望知道一個注滿靈魂的人格會是什麼樣子，我們又如何知道自己充滿靈魂？回想起來，這些沉思成為我的蛻變之旅的起點。這是一個在靜默中的祈禱，於是我的內在靈魂對此回應說：『好呀，我會教導你，所以你也可以幫助其他人學到這些。』這個『什麼是靈魂挹注』的大哉問，伴隨我渴望服務的心願，成為貫穿我一生的祈禱線。

「一九七一年我和男友一起計畫要去短期度假，結果不知道是芬活天使、上天還是我的靈魂吸引了我們，讓我們直接來到芬活，不過短短幾天我就知道我已經找到了我的

心靈家園。之後對我很重要的人生歷程都在此地發生，那是一段我覺醒的時期，我找到我真正是誰。這裡是我真正的家，雖然我在一九八五年離開芬活去了美國，但我從不覺得我曾離開過。」

遊戲的萌芽

一開始喬伊在芬活從事清潔和編織的工作，幾年後成為核心小組成員負責人事，當時人們在社區中來來去去，因此經常需要進行面試。核心小組一直在尋找更優化的方式來評估每位面試者，當然面試者都想展現最好的一面，但有時這反而令人產生錯誤印象，所以要如何更明瞭每個人的真實情況成為喬伊探索的方向。

當時芬活仍在發展初期，有越來越多人慕名而來，在社區裡已經有一些基礎設施可以提供訪客用餐和住宿，於是社區繼續構思有哪些部分還需要拓展。

在這段期間喬伊結束了一段外在的關係，於是她轉往另一段內在的關係，那時她尚未意識到蛻變遊戲之神（Game Deva，代表遊戲的智慧體）的安排，因為那時候遊戲根本就還沒出現。

一九七六年當時喬伊是教育部門的一份子，她負責訪客們的導覽活動，幫助訪客創造在芬活的生活體驗，其中令她感興趣的是如何讓訪客在短時間內體驗到芬活，以及體驗到芬式的學習歷程，為此她時常在聖所內接受啟發。

隔年在一場芬活主辦的研討會中，有一位演講者談到喜馬拉雅山上的西藏僧侶是如何受訓與啟蒙，此時瑪麗就坐在喬伊身邊，瑪麗回憶道：「講者談到佛教心理學中有一種遊戲，這種遊戲有個外圈，僧侶要在外圈面對自身的一些狀態，例如抽離、恐懼等的一些情緒光譜，光譜是指恐懼的另一端是對當下高度警覺。由外圈開始，僧侶要選取其中一種狀態探索當中的本質，經過一段旅程後朝向中心前進，到達中心即是開悟。這種遊戲就像是一趟意識轉化的旅程，由恐懼到高度警覺，到達中心後，他們可以選擇待在那裡然後幫助後面正在行走旅程的人，或者選擇另一種狀態再走一次。」當下喬伊受到觸動：「這項遊戲偏向東方式神祕學，我們何不創造一種西方式的意識旅程？」

喬伊的遊戲

在工作之餘，喬伊開始發展遊戲的內容，她先去買了一些紙筆和膠水就開始嘗試，她

喬伊與原始版遊戲 © 內在連線

用鉛筆畫了一些方格，測試之後有些會拿掉，有時再加入其他方格。她也進行了好幾場測試遊戲，晚上大家會聚在她的房間在地板上試玩，她會聽取參與者的意見然後不斷地修正，瑪麗回憶說：「我們其他人都只是在玩和聊天，只有她很認真地在設計遊戲。」因此剛開始大家都稱這個遊戲為「喬伊的遊戲」(Joy's Game)。

喬伊還發明一種簡短的種子意識學習冥想，在她帶領這個冥想後會聽聽大家的學習和意見，而且她每天會去聖所兩次，將靜心時所得到的詩句和大家的經驗運用在靈感卡和障礙卡的內容。喬伊花了約兩年的時間全神貫注地投入許多心力。

但同時間她卻一直對自己的能力感到懷

喬伊正在帶領原始版遊戲 © 內在連線

疑：「我覺得我只是一個沒什麼特殊天賦的普通人，所以當神聖靈感的碎片開始進入我的意識時，我簡直不敢相信。我與上天進行了很多很多次對話，大致上是告訴祂：『祢弄錯了，我不是那個人，祢選錯人了。如果祢想要一個明瞭神聖幾何學並具有深刻靈性知識的人，為什麼祢不選一個知道這些事又聰明伶俐的人呢？那個人只要與祢調頻、接收訊息然後照著去做，這樣豈不是更快、更輕鬆嗎？』

「然而兩年過去了，這樣的人並沒有出現，而繆斯女神依舊堅持敲著我的門，當我說：『好吧』，我的創造力如脫韁野馬盡情馳騁！種種靈感洶湧而來，許多原始的元素和設計躍入我的覺知並開始萌芽。這令我感到興奮、振奮並欣喜若狂，這讓我全心投入，美妙的詩句從天而降醍醐灌頂，我覺得自己如沐春風。我根本沒想到這將會引領風潮，我以為這只是一種有趣的嗜好，對芬活的人來說這只是尋常不過的事。我在寢食之間夢見它，我的靈魂綻放，這也促進我個人的轉變歷程，我在不斷變化的風景中跌跌撞撞摸索前行，並開始分享我的願景。我根本沒想過這個遊戲的驚人禮物將會是我的熱情和一生志業，我不過是停止與上天爭論罷了。

「創作遊戲的過程中有各種影響，但回想起來，我意識到我在公園和克魯尼山丘的靜心聖所內所接收到的詩句般指引是最主要的，一切都從這些演變而來。」

喬伊共花了十八個月製作第一個原型。

大遊戲

當時喬伊、瑪麗和另一位朋友一年多以來一起帶領一個為期一週名為「綜合藝術」(Art of Symphysis) 的工作坊，在這個工作坊中曾加入仍在草創的遊戲，結果使得這個活動十分成功。次年三人開會時，大家都對帶領這個工作坊有點厭倦了，於是一起討論是否有其他的點子，「喬伊，我們可以玩你的遊戲嗎？我們來看看怎麼應用比較好。」

次週，她們在大張紙上畫出路徑，喬伊找來一顆大骰子，工作坊一共有二十名參與者，她們將所有人分為五個家族，每個家族都有人分別作為玩家、天使、靈感和障礙的代表，每個家族找一個共同感興趣的主題，然後分別在路徑上擲骰子前進，有時單獨一個人前進，有時整個團隊會一起前進。

當時無人能料到，這一場遊戲將成為後來星球版遊戲的雛形。

那是第一次在路徑放上重大啟蒙方格，也就是後來遊戲盒中的蛻變方格。當時在芬活大家都在熱議什麼是啟蒙，有人認為次要的啟蒙是指個人層面的蛻變，是自己有辦法意識到的，有時主要重大的啟蒙發生時，自己不一定能夠覺察到，因為這是整體各個層面的轉變和重新組合，而不只是單一面向。於是重大啟蒙方格加到了路徑上，每當有人走到這個方格時，四名帶領者就會站在這個方格四周和玩家一起牽著手調頻。

如同遊戲盒中的蛻變方格，這代表跨越一道門檻，有意識地放下過去然後迎向未來。

一九七八年六月在克魯尼山丘舉辦了一場研討會，會後有為期一週的工作坊，那時喬伊製作了五組遊戲，參與者先玩分組遊戲，然後最後一天玩這個「大遊戲」(Big Game)。大遊戲在宴會廳進行，作為綜合藝術工作坊的一部分，當時共有二十名玩家和四名帶領。那時遊戲道具都還十分簡單，例如紙繪的方格、由床單變來的天使服裝

瑪麗在八〇年代帶領原始版遊戲 © 內在連線

……等，但瑪麗回憶說：「當時可以感覺到空間內有一股強大的能量在變化著，同時訊息也十分精準。」

這是第一場對外公開的遊戲。

次年，這個內容充實緊湊的大遊戲就成為芬活基金會的正式工作坊，遊戲也開始運用在各個工作部門內部、社區導覽、追尋本質和其他課程活動。之後遊戲持續不斷地在芬活內部繼續發酵著。

因此蛻變遊戲不但是芬活經驗的縮影，多年來亦融入芬活的日常紋理之中，兩者交織在一起密不可分。無論是社區居民或訪客都能在遊戲中學習並成長，因為它清楚地體現了芬活的三大核心精神。後來甚至有些人根本不知道芬活或從沒來過蘇格蘭卻很享受玩蛻變遊戲的歷程，這讓更多的人能夠體驗到芬活的精髓。

凱西來到芬活

當我在台北舉辦第一場中文翻譯的基礎培訓時，凱西特地和瑪麗一同前來支持，在這場培訓中，她很難得地對所有受訓者分享她與遊戲的相遇過程：

「其實我不常談論這些。我從小就有一些靈性經驗，我每天總是做同樣的夢，日復一日，那時候我還小，我以為每個人都和我一樣只做一個夢，後來我才知道這是來幫助我準備好進入未來。

「大約在我二十一歲時，我有意識地走上我的靈性道路，走進內在的歷程，我成為教堂裡的療癒者和管道，帶領大家進行冥想和一些其他活動。

「有一次我們的團體被邀請到一間僻靜中心，這裡隸屬於一個靈性社群，每天晚上我們都會進行談話。那時我大約二十五歲，我進行許多

凱西和喬伊一起帶領原始版遊戲 © 內在連線

內在工作也有一些與集體意識相關的經驗，所以我對於如何將內在的創造性在外展現在人生上十分感興趣，那時我的思緒全都在創造上，所以有一天晚上我的演講主題是『萬物的意念』(Thought of Things)，我談到神和一切，包括我們自己，以及如何進一步探索，還有世界上我們視覺所見的一切人造物是如何源自於我們的意念，這不是一場很冗長的演講，但對大家來說有點怪，很明顯地當時我所說的內容還不夠清晰，畢竟我還年輕嘛！不過那時候我已經很明確地知道我要搬去芬活，在那間僻靜中心，我在一本書的背面找到了地址，於是我就去了芬活。

「當時我到芬活參加為期一個月的活動，喬伊正巧是我那場活動的導覽員，透過導覽來幫助我們融入社區。在導覽中我第一次遇見遊戲，當時我代表我的家族小組擔任天使的角色。」

一九七八年十月喬伊遇見凱西成為遊戲發展的轉捩點，這使得遊戲由個人觀點轉變為團隊合作，「我們建立起極富創造力的合作夥伴關係，我們兩人的性格是如此迥然不同，因此我們的合作無疑是動態的靈魂挹注！」喬伊這麼形容。

原始版遊戲

凱西作為冥想老師的專業加上她內在淵博的知識，幫助遊戲的能量更精煉、更聚焦，清晰並深化遊戲的直覺式引導歷程，將遊戲打造成一個可以輕鬆均衡操作的精巧結構，並補上一個重要部分——加入直觀理解和從容成長的部分，兩位原創者也一同重新評估和升級遊戲各式各樣的道具，並調整工作坊結構等各個方面。

此時兩人開發出來的原始版遊戲（Original Game）和現今一般大眾熟悉的盒裝家用版遊戲有蠻多的差異，原始版有七個遊戲層級包含身體、情緒、心智、直覺、愛、聯合、開悟，遊戲板上有五條路徑，遊戲方式是以累積精神和形體兩種積分來晉級，

原始版遊戲的遊戲板 © 內在連線

路徑上的方格多元且開放，並需要兩名帶領——其中一名負責記錄和輔助帶領，因此有極高的變化度。如果將原始版比喻成一名大學生，那麼家用版就是一名小學生了。

原始版遊戲全是手工製作，所有的卡片包括靈感卡、障礙卡還有祝福卡等，全是由喬伊一張一張手寫的，路徑則是手繪在木頭製的遊戲板上，還有一些計分的圓盤、溝槽以及代表棋等都是獨一無二的手作，至今全世界也只有製作出五組而已。所以每當我接到一些訊息來詢問是否可以購買原始版遊戲時，我也是無能為力啊！

這個遊戲從一開始就充滿了魅力，開發過程中眾多人士也貢獻他們的時間和技能，讓遊戲持續地精煉與進化。糟糕的是那幾年也曾出現過一些仿製品。

同時，遊戲工作坊的邀約從四面八方而來，凱西和喬伊開始訓練其他人與他們的高等智慧和遊戲之神協同工作，成為合格的「遊戲嚮導」(Game Guide)，並逐漸形成遊戲的

原始版遊戲 © 內在連線

核心小組。芬活發展初期，也是以核心小組來主要負責社區的經營管理。

當時的培訓是一邊執行一邊調整的滾動式發展，為了讓受訓者充分了解遊戲的所有機制和潛力，凱西和喬伊開始在晚上進行訓練，大多數時間是不停地練習遊戲，像這樣持續了一段時間之後才推出正式的工作坊。

一九七九年遊戲開始走出芬活，率先到英格蘭進行週末兩天的遊戲工作坊，以及荷蘭的第一次遊戲之旅。

全世界第一套天使卡

蛻變遊戲中的天使卡特別引起大家的共鳴，廣受眾人喜愛。在遊戲工作坊中有個隨行天使（Angel to go）的環節，因為稱之為隨行，有些人在遊戲結束後就真的把天使給隨手帶走了……，整疊天使卡原本有五十二張，常常一不小心就越來越少，由於當時所有的卡片都是手工繪製，要是短少的話就得要重做，的確造成一些困擾。

蛻變遊戲和芬式生活的核心精神是一致的，都在於聆聽內在並做出外在的回應與行動，遊戲開發的過程也同樣依循這樣的精神，因此為了回應玩家的需求，喬伊和凱西

© 內在連線

在調頻之後決定自行印製天使卡。

凱西回憶說：「我們找了一名畫家，來來回回討論過後將設計完成，然後找了一家在地的印刷廠進行印刷。天使們印在一大張紙上，我們自己小心翼翼地一張一張裁切、分類、裝袋，因此原始的天使卡很小張，現在蛻變遊戲盒裡的天使卡已是兩倍大。回想起來，當初我們真的是『自行出版』了第一套天使卡。」

一九八一年天使卡在芬活推出之後，馬上變成芬活體驗週的標準配備。這套卡片後來也被運用在芬活其他活動和工作中，也陸續出現在某人的客廳、學校、店鋪、醫院、機場、等候室、其他神聖空間和各種場所，輔助團體教育過程或個人療癒……等。隨著後續的歐洲和美國之旅，天使卡和遊戲持續不斷地優化和擴展，後來天使卡也被授權正式發行七十二張的版本。

從桃樂絲與德娃的合作，延續到遊戲中的天使卡，時至今日，天使的元素在芬活隨處可見，你可以不經意地在小店入口發現天使卡，甚至是花園裡的木椅上、宴會廳的角落裡，祂們提醒著我們由內而外地在生活中去充分展現這些美好的天使特質。

或許你不知道，這套啟蒙於蛻變遊戲的天使卡，其實是全世界第一套天使卡，就在這套天使卡公開發行之後，市面上開始出現其他各式各樣的天使卡，意外帶動一股全球天使熱潮。

在我還沒遇到蛻變遊戲之前，曾經看過身邊的朋友使用過某某天使卡，但我自己並沒

芬活店家門口的天使（上）
體驗週活動中大家的天使（中）
木椅上的和平天使（下）

有多加留意。直到我在翻譯天使卡指導書時，為了要幫助天使們說中文，我才讀到原來這是全世界第一套天使卡，我有一點不敢置信，還特地跟凱西確認這一點（沒禮貌），萬萬沒想到一向對各種牌卡沒特別研究的我，竟然無意間連結上天使卡的源頭！

原來「天使卡」(Angel Cards®) 的商標屬於兩位蛻變遊戲原創者所有，後來為了區隔其他天使卡，才又特別加上「原創」二字，稱為「原創天使卡」(Original Angel Cards)。繼英文版之後，天使們也陸續學會法文、德文、西班牙文、荷蘭文和葡萄牙文。二〇一八年五月《原創天使卡與指導書》國際中文版發行，加入全球的天使團隊。這套原創天使卡到目前為止在全球已有超過百萬的銷售量。

獨立飛翔

早期在芬活發生的所有活動都隸屬於基金會統一管理，基金會有本身的管理方式和預算支出，雖然開發遊戲時喬伊和凱西也還在基金會的教育與個人發展部門工作，但遊戲的發展幾乎平行於基金會的運作，她們兩位也挹注自己工作外的時間、精力和資金在遊戲上，一方面因為這些開發並不和基金會的發展直接相關，另一方面也無需等基金會通過預算審查才能進行，所以自然而然地遊戲開發這部分變得獨立於基金會之外，也因此遊戲的原粹精神得以保留而不受其他條件的影響，但她們也不斷在思索遊戲與社區之間的關係。

從一九八二年開始在美國舉辦了好幾趟遊戲之旅後，在西雅圖逐漸聚集了一群支持者。受到西雅圖天使的召喚，喬伊和凱西透過內在聆聽決定於一九八五年十二月跟隨這股自然的流動搬到了西雅圖，從零開始，準備以一種新的型態來賦予遊戲新生命，這對兩位原創者來說也是個人生命的重大蛻變時刻。

於是凱西這麼說：「回想起來，我彷彿是為了蛻變遊戲而去到芬活。」

一九八六年喬伊和凱西共同創立「內在連線公司」(InnerLinks Associates) 來運作遊戲的所有相關事務。

兩人離開芬活後，基金會還是持續開設遊戲工作坊和相關課程，位於芬活的英國內在連線公司由朱迪．巴特納 (Judi Buttner) 接手管理。同一時間，瑪麗原本有機會擔任管理整個芬活基金會的職務，但因為個人因素去了美國一年，所以錯過了這個機會。當瑪麗於一九八七年七月再度回到芬活時，正好需要她接管英國內在連線公司。

瑪麗回憶說：「剛開始我以為這只是暫時的工作，以為只要繼續辦工作坊就好了。」沒想到在各種因緣際會下，讓瑪麗持續管理至今，並擔任蛻變遊戲全球培訓計畫的重要統籌角色。

＊＊＊

當瑪麗第一次來到台北帶領基礎培訓時，我向她解釋為了宣傳的緣故，我在文宣上稱她為蛻變遊戲的「教育總監」，而不只是英國內在連線公司的負責人，我認為這樣大眾會比較容易理解她的角色和定位，雖然我是真心這麼想，但難免有些忐忑我是否不該擅自給這位大老一個職稱，搞不好她會說：「你算哪根蔥！」，就在我告訴她這件事之後過了幾天，瑪麗突然對我說：「這幾天我想了想，我覺得你說的很對，我的確是蛻變遊戲的教育總監，這個名稱很符合我的角色，我確實是負責教育方面的工作，而且教育也是我的人生熱情和志業，我很喜歡！」就這樣，幾十年後這位遊戲大老被我賦予了這個職位（汗），那一刻，我感受到她的心胸寬大，她並不會因為自己的多年經歷而倚老賣老，反而認真平實地去思考我的想法，如果是合理的，她也願意欣然接受。

凱西、瑪麗和家用版蛻變遊戲 © 內在連線

將芬活裝進盒子裡

凱西回憶當時搬到美國之後的情況：「那時我們頻繁地進行遊戲工作坊，每次要將木製、手繪的整套原始版遊戲放進手提箱裡帶來帶去很辛苦，另一方面因為有越來越多人提出參加遊戲的需求，我們也想要提供一種無需帶領者的遊戲經驗，希望為大眾創造多一點機會來玩這個遊戲。」

因此兩人再次持續聆聽內在並採取行動，期間也與她們的主要顧問——前芬活基金會執行長大衛，進行相當有趣的深度哲學式對話，歷經十八個月的開發和廣泛測試，最終喬伊和凱西開發出盒裝遊戲。一九八七年九月二十日盒裝家用版蛻變遊戲正式推出，盒上標示著：「一套可以改變你的人生的遊戲！」

為了讓任何人都可以在家自我探索與成長而無需帶領者，家用版蛻變遊戲只包含了身體、情緒、心智和靈性四個層級以及最基礎的方格，是蛻變遊戲系列版本當中操作起來最簡單的一種，算是遊戲的基本入門款，遊戲進行所需的時間也最短，所以是蛻變遊戲家族中的小學生。

現在遊戲盒可以透過印刷出版了，這讓蛻變遊戲更加普及到全世界，繼英文版之後遊戲盒陸續翻譯成荷蘭文、法文、德文、匈牙利文、義大利文、韓文、葡萄牙文、俄文和西班牙文，二〇一六年一月我在台灣正式推出國際中文版。

盒裝的家用版蛻變遊戲讓芬活精神得以在地球上走得更廣更遠，相反地，星球版蛻變遊戲則讓芬活精神走得更加深刻且更加宏大，超越個人、社群且囊括全球事務。

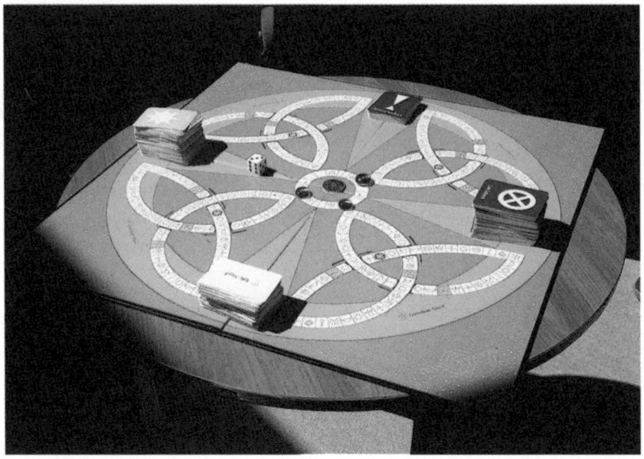

我在芬活接受培訓時，有一次正當我進入教室準備實習，一道陽光直射在遊戲板上

愛琳在一場星球版遊戲中當玩家，當時凱西正在與她對話 © 內在連線

蛻變地球的遊戲

在芬活的群體生活中，每位社區成員都要輪流做一些雜務。有一次瑪麗在清理廚房時，當時基金會的執行長問她：

「我們整個社區可不可以一起玩大遊戲？」

「不能啊，因為大遊戲最多只能二十個人參加。」

「這樣啊……你想想看吧……。」

瑪麗說：「當天我想了一整晚，睡了一覺，隔天我很早就起床了。我想到每個家族如果擴展成領域的話便可以有二十個人，這樣就能讓一百二十人參加，時間上也可以延長幾天。那時候喬伊和凱西將大遊戲的道具都帶到西雅圖去了，我一大早就趕緊騎腳踏車去辦公室，打電話將這個點子告訴她們，她們回覆說：『我們就這麼做吧！』於是，我們得重新製作所有的道具了……。」

一九八七年十一月整個芬活社區在環球大廳進行了一場星球版蛻變遊戲，包括創始人之一——愛琳，對基金會來說這是一個重要的轉捩點。後來陸續在特殊場合，例如新年、遊戲帶領教練聚會、千禧年、慶祝蛻變遊戲週年、慶祝芬活週年……，也曾在西雅圖為當時的特殊事件——波斯灣戰爭而舉行。星球版工作坊大約每四年在芬活舉辦一次，在荷蘭、巴西、泰國也曾有星球版遊戲的足跡。要舉辦一場星球版蛻變遊戲工作坊非常不容易，不僅需要大量的準備工作與工作人員，還必須在為期七天的活動之前和期間妥善地安排與支持所有的人事物。

星球版是以原始版為基礎的大型多人版本，最殊勝的是超越個人層次提供一個群體共同探索集體意識的機會，在過程中會反映出區域性或全球性的關鍵課題。

我自己曾參與二〇一八年在泰國曼谷舉辦的星球版蛻變遊戲工作坊，在那一場中所有人共分為五個領域來探索一個共同的遊戲主題，五個領域分別為：個人與家庭、領導統御、自然環境、精微世界和浮現中的未來。

這場遊戲一開始，在巧妙的遊戲規則推演下，我突然變成領導統御組的第一位玩家，出生之後當我開始擲骰子在路徑上移動時，發生了一個很有趣的現象：我一直緊跟著自然環境組的玩家前進，我們亦步亦趨地走到相同的方格，之後場上的玩家們又不斷地走到加乘方格，好像反映著一種微妙的關聯性帶動所有代表玩家在場上快速流轉，支持著彼此加速前進。

然而到了遊戲後段，代表我們領導統御這一組的玩家走到障礙方格，因為錯用了自己

愛琳與障礙人一起在處理障礙中 © 內在連線（上）、星球版遊戲的路徑 © 內在連線（下）

的自由意願，結果宇宙給了一個回應是一場世界危機讓全場進入靈魂暗夜，此時場上所有人必須穿上黑色斗篷、戴上墨鏡，宣告暫時與自己的靈魂失聯，全場關上燈光，各領域的天使們手持蠟燭與玩家們相伴。當時凱西帶著全場進行一段反思這個現象的冥想，隨後宣布當天晚上所有人都要禁語一整夜，一起好好安靜下來，反芻此一現象其中更深的含義。

「將你的手放在最強烈感受到靈魂暗夜的地方，用愛來擁抱眼淚。」當隔天遊戲再度進行時，我們被這樣引導著，「現在要留意你的天使，以及你內在光與愛的力量之源，開始想像一隻手中握有光與力量，另一隻手則握著眼淚，好好握住並同時愛著這兩者，然後慢慢地讓雙手合十。所有人向場上的玩家

瑪麗和喬伊一同帶領星球版遊戲 © 內在連線、一九八二年二月星球版遊戲的天堂區，喬伊（左二）、凱西（中）© 內在連線

們發送愛、生命與力量。當玩家感受到自己有足夠的愛、生命與力量時，請脫下斗篷，去找你的領域家族尋求指引，找到這個靈魂暗夜的意義……。」

二〇二〇年全球都無法倖免於疫情的這場世界危機，這不禁讓我想起當時星球版工作坊發生的這些現象，竟十分微妙地相應著整個地球的真實狀況。

＊＊＊

愛琳曾分享自己某一次參與星球版遊戲的經歷，她提及自己當時的反應：「我心想我才不要參加，我以前玩過了，重點是這個遊戲太挑戰我了！我才不要玩！所以我就計畫著要去做其他事。結果每次冥想時，聲音卻不停告訴我：『去玩遊戲……去玩遊戲……』什麼啊！後來我只好投降，我就去玩吧。因為公園對我來說意義重大，所以我就參加公園這一組，我心想當時公園的聚焦人可以去當玩家，我當支持者就好了，結果遊戲並不如我所願，最後因為這般那般……，我就被選為玩家了，這對我來說真的是很大的挑戰！但你知道嗎？當你面對挑戰穿越它，你就不會再回頭了，你會不斷往前、往前，我知道整個社區和我的家人都十分支持我，但我自己必須率先做出改變。

「我警告你們，如果你們有人想做出改變，你就必須承擔後果，這樣的過程不一定愉快，但你一定做得到，有上天的祝福和協助，你真的可以改變你的生命。」

自由意願是作為人的特權，每個人都可以自由地做出自己的選擇，但同樣地宇宙也會給予回應，有時會帶來靈感和覺知，有時會得到更多的障礙和眼淚，透過宇宙回應讓我們可以獲得人生所需的關鍵學習，透過個人意識的擴展，同時轉化人類的集體意識。

組織蛻變

隨著蛻變遊戲持續不斷地擴展，後來也開始應用在公司團體與非營利組織中，但是蛻變遊戲中的某些環節或過於私人的討論並不一定適用於公司組織，因此原創者開始尋找一種較不敏感的方式可以運用在商業環境中。她們開始調整所有卡片的語言，在開發過程中也與荷蘭以及西雅圖的一些商業顧問公司進行密集的討論。一九九〇年五月在蛻變遊戲系列之外延伸開發出商用版本「組織蛻變」（Frameworks for Change，促成轉變的框架），主要著墨於突破個人、團體、組織、公司甚至是全球議題的思維與慣性模式，此版本只提供給受過訓練的教練專業使用。

喬伊談到開發這套工具的構想：「除了地火水風這四大元素之外，我喜歡將人生經驗視為我們生命的第五元素，並由這個第五元素鑄造出組織蛻變。相較之下，進行蛻變遊戲需要較長的時間，因此我們開發出組織蛻變下『架構式教練指導』(FCP，Frameworks Coaching Process) 這樣的教練方式，可以在較短的時間內，由教練協助團隊領導者與團隊互動，提供一種微型的蛻變遊戲經驗。」

原創者們曾應邀至紐澳銀行集團 ANZ(Australia and New Zealand Banking Group) 進行組織架構重組與企業文化改造的計畫，之後數年也持續進行顧問服務，以改善團隊溝通與工作效率。組織蛻變還曾在荷蘭 ABN 銀行、AT&T、美國波音以及世界各地其他商管顧問、環境顧問、大學、公家機關、健康中心與診所、建設公司……等組織，應用於行政管理、教育訓練、行銷業務、人力資源、策略規劃……等方面。

一九九三年九月組織蛻變培訓師的訓練課程首次在荷蘭啟動，而教練培訓課程則相繼在美國、芬活、荷蘭、巴西、澳大利亞、南非、韓國、泰國……等地展開。

二〇一九年四月首屆中文翻譯的組織蛻變教練培訓在台北舉行，我特地親自重新設計中英雙語的卡片與木盒，這套工具遂成為中文培訓計畫中獨一無二的特色。

全球教練培訓計畫

盒裝家用版蛻變遊戲出版之後十分受到歡迎，在荷蘭有兩位支持者從一開始就非常投入，不但參加工作坊，還主辦遊戲之旅，現在他們也希望可以運用盒裝遊戲來帶領工作坊，於是提出培訓的請求。

先前喬伊將遊戲規則由原始版縮減到家用版時，中間曾一度縮減為數十頁的指導手冊，這本手冊經過試玩之後，發現對一般人來說要自行操作實在太困難了，於是才又繼續精簡到現在盒中的指導手冊。於是這個中間產物演變為「教練版蛻變遊戲」的主軸——「教練手冊」，提供給參加十四天基礎培訓並達到一定帶領水準的教練來使用，評量標準是基於對教練手冊操作的熟悉度以及與玩家對話的深入程度。

瑪麗向我們解釋培訓計畫的緣由：「剛開始我們以為只要整理好手冊寄給他們就好了，後來發現這麼做還不夠，因為在規則背後有太多需要解說的深層含義，而且我們也希望帶領的人能夠與遊戲背後的精神連結，因為帶領遊戲絕不僅止於規則上機械式的操作而已，因此我們認知到必須好好地設計培訓計畫。」

凱西進一步說明：「蛻變遊戲發展得非常迅速，就好像遊戲在積極回應我們一樣。每一次當我們傾聽我們的心，每一次當我們對靈感有所回應，就會有更巨大的能量來支

在台北的第一屆蛻變遊戲基礎培訓

持我們、支持所有的進展。這一點也是我們在培訓中十分強調的，教練必須保有正確的態度以及足夠的能力幫助玩家去深入傾聽內在、追尋熱忱，並鼓勵他們去採取行動。」

一九八八年九月在喬伊、凱西和瑪麗三人共同努力下，在西雅圖實行第一次帶領教練的訓練，傳遞她們的經驗、技巧和知識。自此之後，蛻變遊戲教練培訓計畫散播至全世界超過五十多個國家，全球的教練家族仍不斷地在持續擴展當中，這使得蛻變遊戲的正統原萃精神得以傳承下去。

＊＊＊

所有內在連線公司的培訓、工作坊與工具的核心，都是為了支持每個人的獨特性和個體性——也就是我們真實的自己，找出每個人獨特的存在，建立人與人之間心的連結，並支持每個人依照真實的自我做出選擇與特殊貢獻，而非依循被他人期待的樣子。

在蛻變遊戲的系統中沒有所謂「正確」的方式來解讀卡片，或對教練提問有「正確」的解答，遊戲卡片或遊戲現象並無固定不變的含義，更無需委由他人代為解讀，每個人必須依照自己的經驗、思維方式和感受來做出回應，這樣才有助於每個人了解自己的心態、信念系統和價值觀，當我們都能夠認知到自己的模式、優勢、挑戰和價值時，才有機會活出自己與力量。

無論是作為蛻變遊戲或組織蛻變的教練，要學會去支持到上述這一點是非常重要的關鍵，教練必須具備足夠的能力，才能幫助玩家或客戶跳脫他們的分析和思維、行為慣性，透過提問技巧引導對象跳出思考框架（think outside the box），進而創造人生新的可能性。

這一點看似容易，卻也一直是教練們在受訓時感到最有挑戰性的部分，光是基礎培訓還不夠，因此在培訓計畫中也規劃了後續延伸的進階培訓課程，來幫助教練們繼續琢磨教練諮詢的技巧，並更加深入地連結真正的精髓，為每一次蛻變的歷程注入靈魂。

共同創造的生命智慧體

大家在玩蛻變遊戲的過程中總是會驚呼「太準了」、「被打臉」，蛻變遊戲可以這麼精準地反映出我們的真實人生，這究竟是怎麼發生的？

關於這一點，喬伊認為宇宙總是在提醒我們、教導我們，但有時我們會錯過祂的提示，要是我們沒能抓住這些信號，就會在生活中不斷重複未完成的課題，而蛻變遊戲的

喬伊在星球版遊戲中 © 內在連線

設計就是要來幫助我們好好捕捉這些訊息，透過遊戲更清楚地看見自己以及需要做出的改變，無論是有助的資源、被忽視的面向、需要被認知的挑戰……等，蛻變遊戲進行時會讓重點訊息浮上檯面，猶如一盞探照燈特別打亮了需要去正視的面向，即使是在組織團體中進行時也是如此。

喬伊興奮地說：「我喜歡在遊戲中將人們帶入這樣的空間，進一步幫助他們開發未知的智慧並發掘新的起點。再加上玩遊戲本身就非常有趣！抽卡片、擲骰子……這些都令人感到振奮且願意投入，所有人都可以分享覺知並相互傾聽、學習、欣賞或服務，也可以大哭大笑，或表達你的洞見、獨特性和突發奇想……。

「蛻變遊戲幫助我們預覽生活中即將出現的風景，從當下開始就將遊戲中的靈感和障礙開始編織成我們的日常紋理，這不一定很容易，當新的你浮出檯面時，你需要保持

我在泰國星球版遊戲中當玩家，希瑪正巧擔任我的天使人，她的部分職責是幫我著裝

警覺、堅韌並奉獻，一股新的能量正在既有的習性和舒適圈之間尋找下錨之處，這將會是個好機會讓你更新對身體、思想和言語的自我照護，盡力繼續保持自己的意向和精神願景。遊戲有一種特殊的現象是即使在你收拾好遊戲盒之後，祂仍會持續發酵。

「這麼多年來，我親眼見證蛻變遊戲本身是一種具有生命而且會持續進化的存有，並內建一種精神恆溫器，天使同仁們會更新及維修這個恆溫器的平衡、流動、創造力、靈活度與奇蹟。當你過度換氣或太用力時，它就會幫助你慢下來；當你的呼吸太淺，它會幫你深呼吸。值得慶幸的是，當我們願意和這種內在夥伴關係調頻，並且好好練習直覺的準確度，這會使我們以不同的頻率茁壯起來，這是蛻變遊戲之神給我們的另一項禮物。

「隨著人們對於玩蛻變遊戲和使用天使卡的興趣不斷增長，這一股相互共振的能量越是活躍，祂的力量也跟著不停茁壯，加上我們願意尊重並與精微世界協同合作，祂們又會給予反饋，因此，現在的蛻變遊戲比剛開發出來時的能量更為強大，這也有助於遊戲與時俱進並代代相傳。每次玩遊戲總令我眼界大開，特別的是每一場遊戲對我來說都像第一次遊戲一樣新鮮，總是充滿驚喜！

「所以蛻變遊戲並不只是紙片或板子而已，祂超越同步性、巧合、祈禱、意向，祂就像一場儀式，提供一處可以飽覽風光的制高點，在此人們可以去伸展覺知、接納、行動。蛻變遊戲是芬活三大精神的具體展現，因為祂擴展人們的意識，擁抱並接受自身的經驗，然後付諸行動。

「這麼多年來蛻變遊戲在不同國家、種族、膚色、文化……中傳遞，更加持續散播和深化這股能量。」

＊＊＊

即使近年來凱西已經鮮少帶領基礎培訓，為了支持中文版的發展，二〇一七年她特地和瑪麗一同來台灣，共同帶領在台北開展的第一場中文翻譯培訓。在這場至今仍令教練們津津樂道的培訓中，所有人都領略了凱西對於作為一名教練應當如何展現出蛻變遊戲精神的要求與堅持，當時特別為該場培訓的團體天使「言行合一」（Integrity，又譯作正直誠信、剛正不阿）給了大家一次蕩氣迴腸的震撼教育，並對教練們諄諄教誨：

「現在蛻變遊戲之神也在學說中文了！祂正在融合這個與西方相當不同的文化模式。蛻變遊戲之神是遊戲背後的智慧體，祂與更宏大的存有相互連結，而這個存有又與每個族群的集體智慧連結，所以當你能夠與遊戲連結，你的生命也將連結到那更宏大的存有，同樣地再連結到當地的集體智慧體。

「蛻變遊戲之神是活生生的存有，遊戲盒是祂的化身，承載著人類的巨大集體意識化身為遊戲盒，以傳遞蛻變遊戲之神的本質與能量到世界各地。問題是：身為教練，你要如何成為蛻變遊戲之神在地球上的化身？當你能夠好好帶出蛻變遊戲的真正精神，更多的祂會加入你，讓這一切又回饋到更高的集體意識和存有之中。

「這就是我的初衷。」

凱西直白的一席話猶如雷神大鎚，蛻變遊戲確實好玩有趣，但在遊戲背後卻是十分嚴謹的身心靈修煉與精神實踐。凱西的話言猶在耳，我經常在訓練教練時也不斷地提醒自己要好好傳承這樣深遠的精神，所以如果有一天你不小心也被我的小鎚子揮到，你會明白這背後的原因（先甩鍋）。

內在連線

當我聽說凱西被選為芬活基金會的董事長時，我好奇地問瑪麗：「在芬活開會討論或是要推舉某個重要職務時是怎麼決定的？是用投票的方式嗎？」

瑪麗回答我：「是用調頻啊！」

我不可置信地問：「這樣最後會有結果嗎？大家會不會意見分歧或僵持不下？」

瑪麗淡定地說：「通常大家的意見都是一致的，很少調頻後得到的結果會不相同。」

這對麻瓜來說簡直太不可思議了，哪有開會或表決可以如此氣定神閒，很難想像有一群人是以如此另類的方式達成共識。我想，這或許和他們已經將調頻變成日常有關，若是平時經常微調彼此的頻率，要做最後決策時應該就很容易水到渠成。

我想到有時候我想要寫信給瑪麗討論一些工作上的事，我只是冒出這樣的念頭，但同時又想先睡一覺等白天再寫信，結果常常隔天一起床就會看到郵箱裡有瑪麗的來信，而且是要跟我討論我想討論的事！像這樣的情況已經發生過好幾次了，我突然秒懂為什麼蛻變遊戲原創者成立的公司要取名為「內在連線」(Inner-Links)，就像我跟瑪麗之間超越語言的心電感應也類似遠距調頻，只是令人吃驚的是這個共振的波幅竟可以橫跨歐亞大陸，原來當我們心意相通時，內在連線的洲際網路是可以超越空間的。

在寫這本書的期間，陸續有更多同步性的事件發生，例如我想確認錄音檔中究竟是誰講了某個句子，本來有點懶得花時間去回聽，想偷懶用猜的，但又感到不安還是花點力氣點開錄音檔。這個音檔的長度有一個半小時，我選了一個時間點點下去，結果聽到剛剛好完完全全就是我要確認的那一句（驚）。

＊＊＊

在那個誠品還不是百貨公司的年代，誠品會員每個月會收到一本精心編輯的《誠品好讀》，以前我每一冊都收藏得好好的，但歷經多年好幾次的斷捨離，最後只剩下一本始終還留在我的書架上。就在二〇二〇年初，這一本雜誌又進入最後審查名單，我心想還是給它最後一次機會再翻閱一次吧，沒想到竟發現芬活這個名字！在這本雜誌中簡短地介紹到芬活這個靈性社區，沒想到早在二〇〇五年芬活已悄悄埋伏在我的書架上，當然那時的我根本不會料到這個名字將會和我後來的人生發展有關，且回想起來當年我正好走入蛻變方格，人生直接晉級到下一個遊戲層級……。

芬活奇緣

我們一同在自然聖所中吹熄蠟燭結束活動

伏筆

我從荷蘭取得建築與都市設計碩士學位後回到溫暖的台灣，有幾年的時間在建築師事務所和工程顧問公司工作。秋天是歐洲教育展的季節，畢業後有好幾年我都會到荷蘭辦事處的攤位上去幫忙做留學諮詢，我自己的學校——台夫特科技大學 (TU Delft) 每年也會來招生，學校代表雍恩 (Jon) 早在我申請學校時就已認識。有一年我們照例又在教育展上碰面，問候起彼此近況，我提到我正在接觸自然醫學，於是他熱心地介紹一位在荷蘭開設自然醫學學校的朋友給我認識，沒想到後來促成我們決定一起在西班牙巴賽隆納郊區的一個莊園內，共同開辦一場為期一週的自然療癒工作坊，在那裡，我進一步認識了十幾位歐洲各地的醫師、療癒師還有各種奇人們。

其中一位胡霞．羅茲曼 (Guusje Roozemond) 是荷蘭希爾弗瑟姆神經治療中心 (Neurotherapie Centrum Hilversum) 的共同創辦人，這個神經回饋中心所使用的電腦軟硬體都是她和工程師們自行開發的，她過去也曾投入水在不同能量下結晶狀態的實驗。我曾拿了一套東方聲療的CD給她看，結果她打開盒子，用手掌在CD上方掃描了一遍就說：「這套CD我要了。」（驚呆）在我心目中，她是一位左右腦都高度開發的高科技女巫！

胡霞涉獵各種助人的醫學、療法，甚至是身心靈工具，和她擁抱，就像是被整片海洋擁抱一樣，她內在充滿無邊的愛與力量。為了幫助她的個案和朋友，她總是奮不顧身地為他們尋找各種資源，也因此後來幾年我們有機會一起在荷蘭組織工作坊，每次去荷蘭工作時她也很親切地邀請我們住在她家，工作之餘常常有機會可以談天說地。

有一次共進晚餐時，閒談間胡霞提到週末她會跟幾位好朋友玩桌遊，我感到很訝異，因為她又要做個案又要管理又要開會，每天從早到晚工作超級忙碌，經常晚上九點十點才回到家，甚至週末還要加班（完全非正常荷蘭人行為），她怎麼會撥出一整個週末的時間來「玩遊戲」?!不只如此，她還說她和朋友每隔一段時間就會約來一起玩這個遊戲，每次玩都是整個週末。

「玩一整個週末?!」我實在很好奇玩個遊戲為什麼需要兩天的時間，而且她們還會定期玩。

「這個遊戲很神奇呀！它會真實地反映出你的人生境況。」

以胡霞在我心目中理性與感性兼具的崇高地位，我心想，如果她都覺得這麼好玩，我是不是也應該玩玩看？就像偶像拿某個包，我也要買那個包一樣的道理。我特地問她遊戲的名字，然後谷哥告訴我這套「蛻變遊戲」可以在亞馬遜（商店）買到。

正好幾個月後我去到美國，我想那就順道在網上買一套吧，收到包裹之後，我把裡頭的覺知代幣拆一拆，瞧一瞧裡頭的卡片和零件就收起來了。帶回台灣後我又開始忙於四處工作旅行，於是這個盒子就放在書架上晾著了。

起心動念

那時我經常出國飛來飛去開工作坊和做個案，每到行程尾聲，當地的同學們就會說：「等你下次來！」這句話聽來很窩心，但聽久了我不禁想，一個人的成長能等嗎？若是每次都得等我出現才可以上工作坊或做個案，加上還有人數和時間的限制，寶貴的生命時光豈不是會在等待中默默消逝了？

「如果有一種工具可以幫助大家自我成長與學習的話，豈不是很好嗎？」我開始嘗試著去構思可以用什麼樣的方法來達成這個目標。

就在我動了這個念頭後不久，二〇一五年夏天我特地沒有安排工作，好讓自己休息一陣子，難得空閒在家就隨手整理一下家裡，此時發現書架上那套我從美國帶回來的蛻變遊戲盒，「買了這麼久都還沒玩過，來玩看看好了。」於是我約了兩位應該會感興趣而且會英文的朋友來家裡，我們一邊摸索著英文遊戲規則跟著玩，有時還要一邊查字典看到底卡片上的文字是什麼意思……。

「天啊，這也太準了！」我和朋友們一邊玩一邊忍不住驚嘆！

除此之外，我不禁邊玩邊讚嘆這個工具設計的簡直太好了！遊戲中分別以靈感卡和障礙卡代表人生中正向和負向的狀況，獲得靈感時會取得覺知，遇到障礙時則會得到眼淚，有眼淚時前進的速度會拖慢，而眼淚需要靠累積的覺知來化解，又加上天使的特質來帶入天外一筆的啟發，再加上這些卡片們呈現的方式又不僅止於牌陣般的固定二維式展開，每位玩家透過擲骰子行走在人生路徑上，路徑上的各種方格又反映出人生的各種情境，於是方格和卡片相互交織成難以想像的綜效。

不僅如此，遊戲以四個層級逐步向上堆疊，象徵人生需要累積覺知與服務或接受天使支持來晉級到不同階段，蛻變遊戲創造出一種３Ｄ立體的沉浸式體驗，在富有意義的結構中讓玩家重新檢視自己的生活，並在不知不覺中重新校正自己的價值觀和人生方向，況且，人生不也真的像一場遊戲？寓教於樂，真的設計得太好了！

另外蛻變遊戲還有一個很棒的特點，以桌上遊戲的型態讓二到四名玩家可以進行互動，包括互相祝福、服務、欣賞、支持與分享……等，讓蛻變遊戲的歷程更加豐富有趣，不僅可以促進彼此情感上更深的連結，在交流中相互激盪也會觸發個人觀點以外的思考。我發現就在這場遊戲中，我和朋友們聊的不只停留在一般喝下午茶聊天時的內容，我們彼此的分享變得十分深入，讓我們能夠真正了解彼此，加上能夠相互討論，這樣的深度交流真是太有意思了！

玩完這場遊戲的當天晚上，我躺在床上輾轉難眠，滿腦子都在玩味這個遊戲各種精巧的設計細節，而且我突然意識到，就好像老天爺在回應我的起心動念一樣，當我想要設計一套自助的工具時，祂就乾脆直接「叮咚～」把它送上門來！又或是，老天爺早就埋好這個伏筆在我的潛意識裡，只等待我打開盒子遊戲的那一刻！

當我意識到這一點，加上我不斷想著這套遊戲將可以幫助到多少人，令我更加興奮，反正睡不著了，我乾脆從床上爬起來，在網路上搜尋蛻變遊戲有哪些語言，並且找到電郵地址立馬寫信給內在連線公司，分享我今天玩遊戲時的雀躍之情以及想要代理中文版的想法，心中的澎湃洶湧有了出口，我終於可以安心入睡了。

一夜之間

隔天一早起床，我的信箱裡竟然已經出現回信，當時在美國的凱西剛好時差和台灣的白天黑夜相反，所以當她收到信之後很快地就回信給我，不但要我提供資料好將合約寄給我，還說可以約一個時間視訊談一下流程，雖然她說可以約在當天，但當時我只有一場遊戲的經驗，心想要下這麼大的一個決定，讓我突然緊張起來，於是我約了隔天平復一下心情再視訊。

透過視訊我第一次見到凱西，她讓我介紹一下自己，然後我告訴她我想要發行中文版的原因，我覺得這套遊戲將會對所有的中文族群有很大的幫助，我很渴望將遊戲中文化，沒想到她二話不說爽快地答應了，並說很快就會將合約寄給我。這段視訊進行了不到半小時，並沒有花太久的時間。

我嚇了一大跳，心想：「啊？就這樣嗎？這麼容易？不用再多問一些什麼嗎……？」

此刻我才開始擔心起出版的相關事宜與物質界的安排，但……不管了，還沒等到凱西寄原始檔案給我，我已經拿出英文遊戲盒開始著手翻譯，我日日夜夜地翻譯完了之後，為了省去和設計師來來回回校稿的時間，我拿出老把戲開始自己排版，接著送去印刷廠。於是我僅僅用了兩個多月的時間，火速地在二〇一六年元旦正式出版蛻變遊戲國際中文版。

此時天真的我以為再累也就累這幾個月，這應該是最困難的部分了吧！

有眼不識泰山

在翻譯蛻變遊戲的時候，盒子底部的介紹上有一句話：「蛻變遊戲是由喬伊．卓克與凱西．泰勒所原創的遊戲，當時他們是住在蘇格蘭的芬活基金會。……」，我在谷歌地圖上查了一下這個地名，主要是為了確認翻譯，但同時腦中也冒出問號，為什麼原創者要強調他們當時住在那個地方呢？在地圖上看起來這是個偏遠的小村莊啊，真奇怪。當時我正驚艷於蛻變遊戲的奧妙設計，心裡光是焦急於推出中文版，所以並沒有再繼續深究。

直到二〇一六年初蛻變遊戲國際中文版上市之後，我才稍稍喘口氣。想到先前在翻譯家用版指導手冊時，看到蛻變遊戲也有培訓課程呢！這時我才開始認真地研究起培訓的相關資訊，一方面好奇課程的內容，一方面也需要評估是否將來能在台灣開課，而且要開課的話，我想我自己也得先上上看，最後我找到在芬活以英文教學的基礎培訓，便帶著忐忑的心情報名了，畢竟要到蘇格蘭北端並不容易，我也還無法想像這個課程會教些什麼，況且課程介紹上提到若沒通過評量還可能會空手而回……（瑟瑟發抖）。

看到主辦單位芬活基金會的網站上有各種課程和工作坊，我對芬活進一步的印象大概是：「嗯，這大概就是那種開很多身心靈課程的中心吧」，同時心裡也不免嘀咕：「但這個中心開的地方也太偏遠了吧？有人會特地去嗎？」

天上掉下來的禮物

在出發前約兩個月我又到香港開工作坊，也順道與多年好友順勢療法黃偉德醫生一家敘舊，他開著車，我和他們一家人在車上漫無目的地聊著，言談中我不經意提到我五月將會去蘇格蘭上一個課。

黃醫生馬上問我：「你是去芬活嗎？」

有一日我回到克魯尼山丘的房間內，發現有隻蝴蝶正停留在我的窗邊

我心頭一驚：「對啊！你怎麼知道？」（馬上說出精確地名這也太厲害了吧！）

他一邊開車一邊淡然地說：「這個地方很有名啊，是歐洲知名的一個靈性生態村。」

我聽見時簡直像被雷劈到一樣震驚，下巴瞬間掉到地上，「靈——性——生——態——村！」這幾個字直衝腦門。

「啊?!真的嗎！原來世界上已經有這樣的地方了啊！！！」我不敢相信地驚呼。

黃醫生依舊一貫冷靜地說：「對啊，芬活有很久的歷史了，在世界上很有名。」

「這是我一直以來的夢想啊！！！」（回音）

車子維持原來的速度在高速路上奔馳著，但我的內在小宇宙卻瞬間爆炸了……！像是瀕死經驗一般，我的大腦快速地回溯了人生幾個轉折點，對於生命如何不動聲色地一步步指引我去到我的夢想之地，我感到如此的不可思議與奧妙！

我現在才知道，原來我在翻譯蛻變遊戲時不斷重複出現的地名——芬活，竟然就是我的夢想之地真實版，回想翻譯那時心中的碎念：「他們幹嘛要一直強調蛻變遊戲是在一個沒聽過的地方創作出來的啊？」如今想起來自己真的是萬般無知啊！（跪）

我總以為我的人生歷程越岔越遠，但就在那一瞬間這個天上掉下來的禮物，把我分岔的人生完美地融合起來，指向一個清晰而圓滿的生命答案。

從產品設計到都市設計

我從小就很喜歡設計，覺得可以將事物變得好看又好用這一點很吸引我。考大學時，歷經許多內在掙扎才毅然決定背離主流價值，直接選填自己真心嚮往的學校與科系。唸工業設計期間我有機會去嘗試各式各樣的產品設計和工藝，並借機到隔壁的建築系和美術系插花，還在文商學院選修課程，從那時起我便開始自學與研究自己有興趣的各種領域，並在課餘打各種不同的工來親身體驗人生百態。

在這段學習過程中，我認識到自己比較適合產品開發而非設計，且對設計消費性產品充滿疑慮，我知道自己無法日復一日地追逐刺激消費這樣的目標，但我卻對構思未來生活的願景特別感興趣。除此之外，在大四時接觸到公共環境設計也讓我發現公共和社會面向的議題對我別具意義，於是畢業之後我便往這個方向尋找一份我想要投入的工作。很幸運地我進入台大城鄉基金會從事規劃與設計，基金會在幾位教授的帶領下，結合學術研究與專業在建築、城市及鄉村實行實質環境的規劃設計。

我在基金會的第一項專案是位於阿里山來吉村的鄒族社區規劃，才上班不久我和同事就被派到山上去做田野調查，在山裡住了三個月。那時我們白天在村落裡四處訪談，午晚餐就走到哪吃到哪，總是有村民熱情招呼我們搭伙，晚上跟著牧師鄰居在火堆旁講古說笑，原住民的熱情與好客讓我們無縫接軌成為社群的一份子。有一次在一位女耆老家中訪談，她只會說鄒語，在雞同鴨講中她忽然吟唱起古老的歌謠，我一個字都聽不懂但卻淚流滿面。

原始的台灣共有十多種住民文化聚集在這個小島上，直到一百多年前大多數的土地仍是原住民的自然生活圈，據說台灣還是南島文化的起源地，我曾去到十分靠近南美洲的復活節島，見到他們當地傳統的石板屋時嚇了一大跳，因為這竟和台灣達悟族地下屋和排灣族石板屋十分雷同。我在阿里山上和鄒族人一起上山打獵下田種菜、半夜到山頂上看流星，在生活中我體會到他們的宇宙觀，感受到他們對祖靈、大地和山林的敬畏之心，他們對生命有種謙卑的智慧，社群之間相互共生的文化都令我非常感動。

另一方面，在基金會我學習到什麼是「參與式設計」，設計師以自己的空間專業引導民眾一起參與找出設計方案，透過相互理解來激發創意，以溝通互動來解決當地的實際問題，是一種很接地氣的設計方法，又稱為草根性設計。這種由下而上的設計過程有公民教育與培育力量的作用，不僅共創具體可行的方案，亦可凝聚社區居民的共識，對於設計結果民眾能有更多共感與投入，也會影響到地方經營的永續性。

參與式精神也體現在基金會本身的管理中，「大桌子會議」的傳統讓人人在會議桌上平等發言，每個人都可以提出自己的意見和想法，在賦予每個人力量的前提下共同促進整體的進步。

在這段工作經歷中，雖然主要的設計目標是空間，但實質上談的是人的本質以及如何將此呈現在空間中。這些經歷在我的心中埋下了一顆種子，我開始逐步地在腦海中拼湊一個「整體性理想生活」的藍圖，也推動我繼續前往荷蘭學習都市設計與更新，有機會在歐洲的多元社會文化中開拓更大的視野。

由外而內的人類設計

後來從都市設計跨足到自然醫學之後，我又順勢進入個人成長與身心靈探索的領域，常常有人問我當初為什麼會想要「轉行」，這是個很有趣的問題，或許從行業別來看我確實轉行了，但我認真想想，我所有的探索和追尋都只是為了完成我心中的藍圖這同一個目標。

這個藍圖就像是一項遲遲未結案的設計，不斷在我的腦海中發酵、建構著，也促使我一路持續廣泛地自學、研究和探索，無論是大腦神經科學、生理學、心理學、自然療法、家族療法、身心療癒、教育方式、各類宗教教義……等，我不停地思索生命的意義，探尋人與一切事物的本質，這一連串旅程像是我給自己的一場人類設計研究案，我將人類的各種層次解構了又再重構，並在個案諮詢和工作坊中加以試煉，所有的理解經過反芻之後逐一整合成我自己的一套理論架構與實踐方案。

從外在空間的設計，到人類內在的設計，我嘗試完備心中的理想生活藍圖，完成這項人類生活的設計案，這部分我極少對人提起，因為我以為這種夢想遙不可及，直到「靈——性——生——態——村」這幾個字灌入我的耳朵傳遞到大腦，突然開啟了我內在的那個開關，即使我的頭腦還沒跟上進度，但那一刻我立即滿腔熱血澎湃！

愛丁堡的一英鎊

既然要飛十幾個小時到蘇格蘭，我決定提早一個禮拜先飛倫敦，既可以預先調整時差，又可以當幾日的偽倫敦人，我以前曾來過倫敦，所以這次只想在這裡慢生活。一個禮拜之後，我在哈利波特的九又四分之三月台的隔壁，搭上前往蘇格蘭首都愛丁堡的火車，準備待兩天遊覽這個嚮往已久的城市，之後就要去芬活上課了。

隔天一大早，我在愛丁堡的舊城區參加了市區導覽，市中心的大象咖啡館是哈利波特的誕生地，的確在這座城市感受到一股不同於英格蘭的魔法氛圍。導覽結束後我獨自到蘇格蘭國家博物館參觀，這裡的常設展是關於蘇格蘭的歷史，我在這裡發現原來西洋棋的原型以及第一套西洋棋就是在蘇格蘭發明的！我不禁想，蛻變遊戲這樣一套特殊的桌上遊戲也是在蘇格蘭發明出來的，算是巧合嗎？

剛好二樓有個凱爾特文化的特展，我對世界各種古老的傳統文明都十分感興趣，於是我花了整個下午泡在那裡研究各式各樣的古老凱爾特圖騰。因為一整天都在走路，所以當我從舊城區走回新城區之後，我找了一間咖啡館稍作休息，這間咖啡館在火車站

當時放在我桌上的那枚一英鎊

旁的一間商場樓上，座位很多，天花板有大片天窗讓自然光透進來很舒服，我面前只有兩三位顧客各自安靜地坐著，中間還有清潔人員打掃著座位和環境。

我坐在那裡喝著氣泡水，刷手機刷了好一陣子，正當我專注在手機畫面時，突然有個中年大叔不知道從哪裡向我走來，我眼角瞄到他放了一枚一英鎊的錢幣在我桌上後就離開，滿頭霧水的我抬起頭看了一眼，也不敢雙眼直盯著他看，也不敢伸手去拿錢幣，但我抬頭時還看見一位和我遠遠相望的女士，她也因為這個動作抬起頭來看了我一眼，證明不是只有我看見「那個人」……。

我怕在外地拿了不屬於我的東西會惹上麻煩（希望蘇格蘭沒有路邊撿紅包的習俗），於是我繼續做自己的事，就讓錢幣一直放在桌上不動。大約一小時後，手機已刷到沒東西可刷，和我對望的女士已經離開，大叔也依舊不見蹤影，咖啡館只剩下我一個顧客，我小心翼翼地看了看四周才好奇地拿起這枚錢幣，錢幣的正面是很普遍的伊莉沙白女王肖像，我翻到背面，結果正是我在博物館研究的圖案之一，是凱爾特十字的圖騰！此時我趕緊將錢包其他的英鎊都翻出來，檢查一遍是不是一英鎊背面都是這個圖案，結果其他錢幣都不是！（直到後來再次去英國，我都沒再看過這種一英鎊的硬幣。

我特別上網搜尋，原來這個設計僅在一九九六年和二〇〇一年發行過兩次，代表的是北愛爾蘭的歷史。）

如果大叔是因為看到我在博物館研究圖騰的行徑才將硬幣拿給我，這機率也太小了，一是因為我已經從博物館所在的舊城走到新城了，距離和時間相隔太久；二是大叔並非在我一開始坐下就把硬幣給我，而是在我坐了好一陣子後才突然放在我桌上，況且什麼都沒說就放著走人，這到底是為什麼？

我隔天就要啟程前往芬活了，現在突然發生這個奇妙的際遇……，是誰在召喚我嗎？這是什麼提示嗎？

在克魯尼山丘後方的小屋是我上培訓的教室

培訓小屋的教室內部

大事不妙

我沒像哈利波特一樣買了一支飛天掃把去上學，我只帶著莫名其妙的一英鎊繼續搭火車前往最靠近芬活的福雷斯小鎮，如同過去三位社區創始人，如同未來體驗週的夥伴們，此刻的我穿過優雅寧靜的鎮中心，走上鋪著碎石的樹蔭小徑，視野開闊後來到有著美麗門廊的芬活學院，好不容易來到我的夢想之地，我幻想著這裡會不會像霍格華茲魔法學院一樣雲煙繚繞充滿仙氣，老師帶著魔法帽揮舞著魔杖，餐廳裡的盤子也會在空中飛來飛去……。

然而，這一切都沒有發生。這裡就如同凡間一樣日常。

在課前我已經收到這個遠得要命王國寄來的

教練手冊，我翻了翻，實在很難一下子入腦，而且我自認為我已經翻譯完了整套遊戲，中文版推出後還玩了很多場家用版，我想沒人比我更熟悉遊戲了吧，要受訓怎麼會難呢，不過是玩遊戲嘛！於是我抱著半度假的心情，還寄望上課之餘可以好好遊覽芬活，但是事情完全不是憨人想得這麼簡單。培訓開始後，我立刻感到大事不妙。

培訓師安吉拉第一天做完課程介紹之後給了我們這兩週的課程表，不僅時間排得滿滿只有一天休息，有時晚上還要上課，而且她告訴我們這個培訓是以一邊上課一邊實習的方式進行，隨即公佈了學員的實習順序，不知道為什麼，我被安排在第一場的第一個帶領，但當時我的心情仍處於十分興奮的狀態並不以為意。

很快地第一場實習遊戲開始了，我坐上帶領教練的位子，其他同學們則分別擔任玩家以及觀察員。在遊戲前面的調頻和主題討論還算順利，等到開始走人生路徑……，奇怪？怎麼我在引導玩家執行步驟的時候，我的同學一直對我使眼色？我看不懂他們的暗號，繼續按照自己的想法執行，這時果然安吉拉就打斷我了。原來我們受訓的這個「教練版」雖然主要骨幹和家用版一樣，但是延展出來的神經和血管卻是複雜許多，我的同學們在他們自己的國家都曾經參加過授權教練帶領的工作坊，所以或多或少已經知道這個教練版大致長什麼模樣，只有我腦袋空空如也就來參加，還被安排在第一順位帶領，所以我才驚覺自己完全是白紙一張。

我們的培訓師安吉拉有德國血統，在培訓時她展現鐵血的一面，對我們要求甚為嚴格，尤其是在實習時，無論我們做對做錯，她總是面不改色，讓我們無法看著她的臉色做事，這讓大家倍感壓力，但我明白她這麼做的原因是為了訓練我們的獨立判斷力。

後來我一邊帶領，安吉拉一邊指導我，過程中被叮得滿頭包。結束後同學們人都很好，怕我玻璃心碎滿地，趕緊圍過來關心我：

「你還好吧？」「你沒事吧？」

我睜大眼說：「原來教練版這麼好玩！哇哈哈……！！」

同學們大概對我的反應感到莫名其妙，因為我帶得亂七八糟不是應該感到沮喪嗎？不過這時我發現天

我和同學們一起在課後練習

真如我竟以為家用版已經很厲害，從沒想過天外竟然還可以有天！教練版在許多細節上更能反映出真實人生的錯綜複雜，變化較多所以玩起來更有趣了！另外讓我感到興奮的是遊戲竟然有專用的對話機制！以往我做個案的方式大都從早期經驗開始解題，但遊戲的機制卻是倒過來從現在往回推，這可完全刷新我的觀念和諮詢技巧，打怪可以從不同角度來破關簡直太棒了！我為發現這塊新大陸而激動不已。

晚上下課後同學們紛紛表示壓力太大，計畫相約去鎮上的酒吧喝一杯（最激烈的不是我嗎？），我婉拒他們的邀請，現在我從激情中慢慢冷靜下來並對教練版另眼相待，打算晚上要重新熟讀手冊、畫重點和做記號。我在克魯尼山丘起居室的角落獨自地安靜複習，直到同學們都回來了還和我打招呼：

「這麼晚了你還在複習啊~好認真喔！」

「唉，我也是從研究所畢業之後，就從沒這麼認真唸書了啊！」（淚奔）

我和培訓師安吉拉

隨著課程一天天進行下去，我逐漸搞懂了遊戲機制的邏輯，掌握了蘊含在遊戲規則背後的精神，抓到訣竅後再上場實習就一路順暢了。此時換成同學們實習後哀鴻遍野，除了要搞懂及熟悉如何應用教練手冊，又要顧及如何與玩家深入討論卡片和方格，最難的是要保持足夠的心理素質坐在帶領位置上從容抵抗心魔，才能不慌不亂地知道自己到底在幹嘛，這一切，上過培訓的同學們應該都心有戚戚焉（煙～）。

於是下課後大家開始緊張起來，吃飯時我從自己的學習經驗來提醒他們各自的盲點，有的人需要了解手冊怎麼翻，有的人需要抓到問問題的關鍵，我建議他們先聚焦在自己的弱點上做不同的練習。現在晚上同學們不去鎮上喝酒了，而是去文具店買貼紙開始學我在手冊上做標示（這一招一直流傳到後來所有的中文培訓），然後有同學問我：「我去買酒（硬是要喝），晚上我們練習的時候，你在旁邊一邊喝酒一邊指導我們好不好？」於是乎，白天的培訓小木屋晚上變身為私人補習班，我開始身兼同學的家教，絲毫不浪費我的補習天賦及天命（誤）。

二〇一六年五月我在芬活取得蛻變遊戲帶領教練 (Transformation Game Facilitator) 授權資格。回台之後，為了籌備將在台灣舉辦的基礎培訓，我又掉入翻譯大坑，這次要將教練手冊以及所有講義中文化，這比翻譯遊戲盒還要龐大及困難許多，讓我掉了不少頭髮……（淚）。

觀音遊戲

二〇一七年二月我在台北開辦第一屆中文翻譯的蛻變遊戲帶領教練基礎培訓，培訓師由凱西和瑪麗連袂擔任。由於兩位都是第一次到台灣，下午我們為培訓的準備工作開完會後，我特地在課前帶她們在台北走一走，感受一下這座城市，晚上在夜市嘗試特色小吃，然後帶他們參觀萬華龍山寺，我向她們一一介紹廟宇的歷史、建築以及地方習俗：「這座廟宇主要供奉的是觀世音菩薩，觀世音菩薩是大慈大悲的化身，她會帶一支水瓶灑淨水，水滴可以化解災厄，就像蛻變遊戲中走到奇蹟方格時，第一個步驟就是『所有的眼淚都被化解了』，而且菩薩也是坐在蓮花座上的喔，這不正是奇蹟方格的圖案嗎?!」

我還解說了參拜廟宇的順序，她們兩個很感興趣，於是我帶著她們依序拜了一圈，最後也向她們說明抽籤詩的民俗文化：「想要抽籤的話，先要制定像『遊戲主題』一樣的題目，跟神明稟告之後就要擲筊，擲筊就像是『直覺閃電』，得到筊，也就是閃電面，就可以抽竹籤，竹籤上有號碼，每個號碼對應一張籤詩，籤詩就是『人生卡』，其中包含像是障礙、靈感、天使一般的訊息……。」她們聽了之後驚為天人，於是很高興地在廟裡開始認真玩起這個東方的觀音遊戲……。

＊＊＊

後來在培訓進行期間，閒聊中我們談及中文版遊戲的出版過程，我心有所感地對她們說：「當時喬伊受東方式僧侶遊戲觸發，創作出西方式的啟蒙遊戲，現在中文版的蛻

凱西正在抽詩籤，凱西、瑪麗和我一同在台北龍山寺

變遊戲發行了，這個遊戲又再度回到東方了……，而且裡面有一些元素，是我們在台灣已經很熟悉的民俗文化，我覺得這當中的機緣十分奇妙。」

瑪麗回應說：「蛻變遊戲發展這麼多年以來，也有很多人來洽詢代理的事宜，我們並不是每一次都會答應。」

我：「凱西當時一下子就答應了中文版總代理的事，速度之快真的嚇到我了。」此時凱西才告訴我：「那是因為在和你面談之前，我們已經調過頻了啊！」（得意的笑）

原來，內在連線公司的面試方法還真是與眾不同呢……。

第一百隻猴子

瑪麗曾分享過一個故事：「在某一座島上，科學家拿了一些馬鈴薯給猴子吃，猴子很喜歡馬鈴薯的甜味，但不喜歡上面沾了泥土。有一天，其中一隻猴子發現在河中清洗馬鈴薯可以解決這個問題，於是其他猴子開始有樣學樣，但也有些猴子繼續吃髒髒的馬鈴薯。

「之後發生了一件不可思議的事，那時學會清洗馬鈴薯的猴子有九十九隻，有一天早晨當第一百隻猴子也學會洗馬鈴薯，當天島上所有的猴子也全都學會在吃馬鈴薯之前先洗乾淨，也就是一隻猴子的小小改變竟可以帶來整個猴子族群全體意識上的轉變。

「更令人吃驚的是，科學家發現其它島上的猴群也開始清洗牠們的馬鈴薯了！」

這個故事想要傳達的是，當達到一定數量的成員擁有共同的集體意識時，這種集體意識就會迅速感染到整個群體，甚至影響到周邊有一段距離的島嶼上的個體！

第一屆中文培訓上課期間的午餐時段，我和凱西、瑪麗會一邊吃飯一邊聊天。有一天凱西問我，我的工作是關於哪方面，於是我讓她們看我自行開發的「心識力」課程投影片，一邊從旁說明。

在心識力的架構中，我透過科學的角度拆解出人類身體、心理和大腦的原始系統設定，以及來自先天和後天影響下形塑出的思考和行為神經模式，然後抓出其中造成人生正負向循環的運作系統，最重要的就是透過解構這些系統程式中的 bug，在有意識的認知下重新建構人生建設性的模組，因此得以幫助每個人創造性的設計自己的人生。

心識力其中的核心概念與蛻變遊戲有異曲同工之妙，這不僅讓我在第一次玩遊戲時可以指認出遊戲設計的奧妙之處，並在我受訓時大大的支持我可以快速地消化吸收蛻變遊戲的內涵，再加上我自己的價值觀正好十分契合蛻變遊戲背後的世界觀，更讓我無縫接軌地在帶領培訓和工作坊時，傳遞出最深刻的精髓給予教練和玩家們。

因此當我聽到瑪麗說猴子的故事時，我不禁懷疑我是不是那隻隔壁島上的猴子，當他們一起在芬活清洗馬鈴薯的時候，我在遙遠的東方也開始洗起地瓜……。

向她們簡單說明完我的心識力架構後，瑪麗笑著對我說：「真的很有趣，我也想上你的課！」（人真好）

同溫層

當我越是深入認識蛻變遊戲和芬活，我越是發現我們真的是在不同的時空中一起清洗馬鈴薯！

喬伊帶領小組教練版蛻變遊戲 © 內在連線

為了寫這本書，我和喬伊進行視訊後，她傳給我一段她在美國一家電台接受訪問的錄音，當中她提到：「如果我們將人生視為學習的場域，蛻變遊戲就是一種精煉出人生教育本質的方法。」當下聽到這一句時我嚇了一大跳，因為當初我用「好學校」這個名稱來代表我想做的事時，我正是這麼對學員說的：「好學校的意思就是人生是最好的學校，好學校是要幫助所有人在這所人生學校中學習並完成自己的生命功課。」

而我想要「有一種工具可以幫助人們自我學習與成長」，正好相應了喬伊開發遊戲的初衷：「蛻變遊戲反映了芬活經驗的本質，這種遊戲的形式讓人們不一定要前往蘇格蘭並待在那裡好幾年以等待某種覺醒發生。」

在第一次台北培訓期間，我特別商請凱西和瑪麗在休息日進行一場公開講座，讓更多人有機會見見兩位，聽她們聊一聊芬活和蛻變遊戲。講座開場時，當我一開始引言到：「芬活是我夢想中的生活方式，沒想到這個夢想真實存在，而且今天很榮幸可以介紹來自芬活的兩位……」當場我竟然無可抑止地開始爆哭（在場的聽眾應該很傻眼吧），我只好趕緊草草結束介紹好讓活動繼續進行，交給兩位主講者開始說話。

讓我如此激動的原因，是因為這麼多年來我一直以為，這個天馬行空的夢想只是我個人頭腦歪掉的幻想，並不實際也沒有人會理解，結果沒想到生命竟然偷偷安排我一步步走向芬活，好像宇宙給我回應了，在森林深處的糖果屋，我找到一整群有相同世界觀的同溫層，所以感動不已，只是沒料到自己竟在公開活動時突然潰堤（汗）。

命運規劃局

桃樂絲在芬活基金會三十週年慶接受採訪時說：「回想起所有的發生以及芬活對世界各地許許多多人的意義，這真是太奇妙了，這一切到底是怎麼發生的？我們三位不過

泰國星球版遊戲中我代表玩家在本源出生，當時是喬伊帶領遊戲。第二段遊戲我擔任天使人正在與玩家調頻，當時是凱西帶領遊戲。

是平凡人，只因為我們有共同想奉獻的目標，然後這一切就這麼奇妙地發生了！後來我們才意識到這背後是有某種安排的，這真是個奇蹟。」

芬活並非是經過精心策劃而成立的社區，他們三人只是一步一腳印地在這裡實踐人類與更大存有的共同創造，而這場創造卻像漣漪一樣向四面八方擴散開來，其中一道漣漪觸發了蛻變遊戲的誕生，而在地球的另一個角落，我又被這道漣漪推了一把，透過蛻變遊戲我才又回流遇見芬活，如果沒有一個更宏大的存在，我實在無法解釋這一連串看來隨機卻無比精密的巧妙安排。

中文版蛻變遊戲出版以來常有人問我代理遊戲的原因，有人以為我是開桌遊店，但我自己幾乎沒有玩任何桌上遊戲甚至手遊，除了小時候玩過大富翁；有人以為我是牌卡高手專門尋找商品來代理，但我只玩過撲克牌。我不是牌卡達人，也沒有聽見任何聲音，但是我卻熱衷於幫助接觸到的每個人在生活中真實蛻變，無論是透過外在空間環境的改造，或是內在空間心念的轉變，我都會為他們那些蛻變的時刻充滿感動和喜悅，這讓我的內心無比滿足。

我原以為遇見芬活已經是此生最大的驚奇，但當我向他人訴說為什麼會代理蛻變遊戲的故事時，我一邊說一邊回憶，才驚覺巧合不僅是從和學校代表閒談才開始的，至於我為什麼會到荷蘭唸書，又是一段奇妙的歷程。

我在台大城鄉基金會工作時，當時的誠品還是需要爬一個窄窄樓梯上去二樓的小書店，我在那裡看到一本關於建築與環境設計的書，我特別喜歡書中看待設計的角度，我還記得當時我特別翻到書的背面看看作者是誰，上面提到作者曾是荷蘭台夫特大學建築系的系主任，於是我就對這間學校的名字有了印象（其實我有記名困難症）。

某一個週末，我走路經過福華飯店，看見有一個寫著「荷蘭教育展」的牌子放在人行道上，我覺得很好奇就走了進去，那個場地並不大，我還記得我一走進去那個房間，通道底的攤位上頭正好寫著「台夫特大學」這幾個字正對著我，「咦？那不就是我在書上看到的那間學校嗎？」

我走到攤位上瀏覽課程，果然這間學校有建築系，其中有個國際碩士學程主題是「都市與建築設計」，我看了這個學程的學習內容，像是歷史性建物再利用、都市更新與設計……等，所有的主題都十分吸引我，後來我就提出書面申請了，即使家人都希望我去美國唸書，即使我準備了二十份要申請留學的書面資料，但最後我只寄出一份申請書到荷蘭去。

幾個月後我收到一封荷蘭寄來的信，信中通知我錄取這所學校了，當時我不敢相信，還請同事幫我確認一下我的英文有沒有問題，是不是看錯了……。當時我以非專業的學歷背景被錄取，後來還拿到了飛利浦獎學金，獎學金之外我還得到一臺吹風機和一臺熨斗作為禮物，那臺在芬活陣亡的吹風機就是我的紀念品啊，幸好另一臺熨斗還倖存著。

也常有人問我為什麼特別選擇去荷蘭唸書，當初我並不是因為一定要去歐洲或荷蘭這個國家才找資料的，我只是因為那本書和書上的名字，就一路跟著這個線索去了荷蘭。後來在荷蘭的生活經驗也深深地影響著我的世界觀和價值觀。

當時在福華飯店教育展攤位上向我解說課程的學校代表就是雍恩，也就是後來牽線我再度回到歐洲開工作坊展開另一段人生旅程的同一個人……，後來的故事你已經知道了。所以我看《命運規劃局》[註5]（The Adjustment Bureau）這部電影的時候超級有感，在許多人生的節點上，我以為我是下棋的人，但其實我才是「被下」的那顆棋子！命運規劃局安排我在不同的專業與經歷之間轉來轉去，就像是為了完備我的能力、資源與眼界，未來有個什麼發生正等待著我去創造出來似的。

註5：《命運規劃局》描述一群與一般人外貌無異的命運使者，在上層的指令下力求所有人依照「命運規劃簿」的人生軌跡前進。

第一屆基礎培訓中，我正在為瑪麗和凱西翻譯

直接晉級

在芬活受訓時，我初次體驗到教練版蛻變遊戲的驚奇和基礎培訓的震撼，當時覺得作為教練既要充分熟悉遊戲規則，與玩家對話的深度又要到位，實在很不容易，更何況是培訓師！我觀察我的培訓師安吉拉，她不但對遊戲的細節信手拈來，每個當下還能夠立即協助每一位教練去引導玩家，同時還要顧及所有學員的學習狀況，直言不諱地說出該改進之處，也適時地給予支持和鼓勵，簡直是一種千手千眼的境界……。（遠目）

從第二屆中文翻譯的基礎培訓開始，瑪麗帶著我以實戰的方式來訓練我成為培訓師。剛開始最掙扎的一點莫過於到底我要

如何才能像我的培訓師一樣厲害，面面俱到，起初我照著瑪麗給我的培訓師手冊照本宣科，做起來有點彆扭，於是在課後我和瑪麗討論到這一點，她告訴我：

「在蛻變遊戲的培訓中，我們很鼓勵每位培訓師展現自己的風格，這樣反而更好！」

當下我釋懷了，我回想我親身經歷過凱西的醍醐灌頂、瑪麗的溫柔攻勢、安吉拉的鐵血柔情，的確對學員各有不同的啟發，這句話十分鼓舞我，在做好基本應當做好的教學工作外，也允許我自己發揮我的獨特性，同時適時地融合其他培訓師的好招數。因為瑪麗的這個提醒，後來我也常在帶培訓時鼓勵教練們也能夠展現自己的特色。我很欣賞在教練培訓計畫之中，很具體地去落實這個尊重每個個體並允許多樣性的觀念。

接下來我又與瑪麗在第三屆和第四屆的培訓中共同帶領，並於第四屆完成我自己的培訓師訓練，真沒想到前後我只花了一年半的時間就正式取得培訓師資格，瑪麗告訴我，我是有史以來學習速度最快的一位培訓師，一般來說受訓至少需要四五年以上，有人甚至花了十年還沒完成訓練，瑪麗這麼對我說：

「每次我交付給你的工作，你總能完全做到，就算我回饋給你有哪些部分可以改進，你總能在下一次就馬上修正過來，真是令人印象深刻！除此之外，你總是可以自我進化、精益求精，甚至超越我交代你要做到的，這些都讓我十分驚艷！我很高興你可以成為我們培訓師團隊的一份子！」

聽到瑪麗給我這樣的回饋我當然十分高興，這次培訓師的訓練對我來說也是一種煉金的過程，幫助我更加清晰了解自己的能力與特質，同時在這之後，我也不斷地在思索我究竟是如何辦到的，我想這或許可以用來幫助前來受訓的教練們。

帶領蛻變遊戲的重要基本動作就是要好好研讀教練手冊並充分練習，因為熟悉遊戲規則就像身體層級一樣是最基礎的功夫，這將有助於遊戲顯現出它的形體。接下來，比較困難的就是如何賦予遊戲靈魂，這也是最讓受訓者感到挑戰的部分。

要讓遊戲活過來並充滿靈魂的方式，就藏在遊戲規則的細節以及設計好與玩家對話的機制中，這些看似只是規則的條文卻承載了遊戲的精神與世界觀，尤其蛻變遊戲並不教解讀任何牌卡，教練必須在看似什麼都不做的無為狀態中引領玩家進入自己的觀念、心態或連結真正的情緒點，就好像是在陪著玩家一起潛入深海之中一樣，讓玩家親眼看見海底的風景，唯有如此，玩家才能連結到自己內在最深刻的核心力量，這是一種十分重要的自我賦能 (self-empowerment) 過程。

此外，在學習這些諮詢技巧的背後，帶領過程對教練本身也是極大的考驗，教練自己越是無法穿越自己的妄念或執念，就越難做到深度帶領。舉例來說，在教練培訓時最刺激的部分莫過於實習遊戲，教練們在場上練習帶領時，要是被「我做不好、我做錯了」的魔神仔捉走，就會變成一個不是自己的自己，反而無法正常發揮。但這個心魔很容易出現，我想是因為傳統教育或社會觀念的遺毒，在培訓密集的洗禮中，每個人系統中的病毒程式很容易就會浮現出來，這亦是教練突破自我的好契機。

即使實習遊戲總讓學員們瑟瑟發抖，但在蛻變遊戲的世界觀中，犯錯是為了學習，而且有時犯過錯的學習效果會比總是做對更好，所以在蛻變遊戲的學習場域中，培訓師們會鼓勵學員勇於嘗試並突破自我限制，好好把握當下自身蛻變的機會。

因此，教練培訓就像是一場讓人蛻一層皮的深度工作坊，我自己在經歷培訓的震撼教育後，深深感受到培訓中十分強大的多層次力道，這個過程不僅讓個人由內而外的蛻變，要在日後的帶領工作中都能保持時時處於當下，又要敞開心胸、深度聆聽，還要有足夠的智慧回應玩家，這實在是一種極為深刻的身心靈全面修行，同時這又是一種讓小我學習與大我合作的高維歷程……，這些種種原因讓我充滿動力想要透過帶領培訓讓更多人可以深刻體會到蛻變遊戲殊勝的世界，因為蛻變遊戲的培訓不僅止於訓練規則與技巧，培訓本身就是一種潛移默化的歷程，讓教練們有機會體驗到另一種生命形態與信念，猶如另一種芬活體驗週。

瑪麗在給我作為培訓師的回饋時，也曾這麼對我說：「我留意到你說明XX的方式，我覺得這樣做很不錯，我很欣賞你的創造力，下一次我帶培訓時我也想學你這麼做。」讓我驚喜的是雖然她是元老級的培訓師，但她從來不耍權威也不擺架子，總是能客觀地欣賞到我的特質，給予平等真誠的回饋，我很享受這種共好的夥伴關係，這讓我們之間能夠互相學習並共同提昇，這再次讓我見識到她是如何身體力行芬活和蛻變遊戲的精神。

從第五屆中文培訓開始，我已經可以獨立帶領，有些學員在結訓前回饋給我：

「我覺得你真正活出了蛻變遊戲的精神。」

「我很高興蛻變遊戲是由你代理，從你身上我可以感受到遊戲真正的精髓。」

這對我來說是最好的讚美！從成為教練再成為培訓師，這段旅程幫助我將內建的心識力與蛻變遊戲這兩個系統揉合練成雙劍合璧的功夫，同時更加淬鍊了我的價值觀，讓我更能活出自己，真正讓我的人生實境遊戲「直接晉級到下一個遊戲層級！」（這是蛻變遊戲其中一張靈感卡）。

我非常享受在每場遊戲和培訓中快狠準地辨識出玩家和學員的模式，帶領他們穿越情緒和信念進入生命的核心，體驗明心見性的片刻，並重新衡量生命的方向，然後意識清明地採取實際行動，對我來說在這種真實人生的遊戲中闖關比起玩虛擬的手遊要好玩千百倍，人生不正是一級玩家的遊戲場嗎？

二〇一八年十一月我在台北取得蛻變遊戲培訓師資格，成為包含原創者在內全球第九位培訓師。截至目前為止，我已經在台灣、大陸、香港和馬來西亞進行教練的訓練。

天能

二〇一九年九月，就在引領夥伴們參加芬活體驗週並同遊蘇格蘭之後，我特地安排在回程時順道去荷蘭一趟，好去拜訪胡霞，自從她不經意對我提及蛻變遊戲之後，讓我的生活重心有了很大的轉變，甚至成為蛻變遊戲的培訓師，這可是我們都意料不到的事，我很想當面感謝她，同時也想敘敘舊。她知道我要來，特地請假說要跟我鬼混兩天，我們一如既往地閒談這幾年的近況，一同去購物，一同去附

胡霞帶我去她家附近的有機農場吃午餐

近的有機農場吃飯，她還邀我一起看了一場線上研討會，還有她兒子的 TED Talk，我們進行著又科技又人文各種腦洞大開的對話，真不愧是科技女巫的奇幻世界啊！進行如此深層的左右腦運動之後，我的身心靈都被餵得飽飽的。

當中我們聊到胡霞的第一場蛻變遊戲，她說：「當時我抽到『現在一場世界危機將所有人帶往最近的眼淚方格……。』這張障礙卡，我感到很驚訝，為什麼我會抽到這張卡呢？怎麼會？後來我思索了一個晚上，突然清楚地意識到我當時的真實處境，於是隔天我做了一個改變人生的重大決定……。」那應該是三十多年前的事了，在那之後，她每年都會固定參加一位教練朋友在法國帶領的蛻變遊戲僻靜營，自己也經常和朋友一起玩。

就在我拜訪胡霞的這幾天，她的一位多年好友——胡霞幾年前也曾介紹給我做個案的一位女士，正好也來暫住在胡霞家幾天。我告訴這位女士我剛從芬活過來，這位朋友才提起她早年曾在芬活住過幾年，再深談下去，我才知道她也認識瑪麗，原來當年她也曾參與晚上的遊戲開發試玩活動呢！

瞠目結舌的我回想這些神奇的人際迴圈，我覺得這幾年我的人生根本就像電影《天能》[註6]（TENET）一樣，從打開遊戲盒的那一刻開始，就進入逆轉的旋轉門，我一邊正轉著前進我自己的人生路徑，但一邊又倒轉著回溯蛻變遊戲以及芬活的歷史軸線，同時又與生命中相遇的每個人的人生路徑在不同的時空點交會在一起，宇宙的生命之網真是不可思議！

又或許當初就是未來的我（或外星人）像《星際效應》(Interstellar) 一樣，在四維空間以超越時空的方式將蛻變遊戲盒從我的書架上推下來，代表想要傳輸給我的摩斯密碼？

註6：在《天能》中人類在順向與逆轉的時空中試圖逆轉未來，為地球全人類的存亡奮戰。《星際效應》中主角庫珀意外進入四維空間，他穿越時空將書本推下書架以提示女兒墨菲，並將機器人取得的黑洞數據透過手錶傳送摩斯密碼給她，讓她完成了方程式，使人類得以離開地球，前往太空站居住維繫生命的延續。

下一步行動

社區成員們在環球大廳前合照 © 芬活基金會

世界性的蛻變中心

愛琳曾於六〇年代初期從內在聲音得到這個指導：「你是龐大網絡中的一部分，每位成員都緊密相連……，要學會感受每個中心之間的交織與融合，直到沒有人落單。一股力量將來自於各中心之間的串連。」而芬活多年來正致力於串連這些多元的網絡。

八〇年代末期生態村運動由芬活開展，順理成章地由芬活精神繼續發展出生態村倡議中的永續性，為全球生態村運動的發展做出重要貢獻。一九九五年「二十一世紀生態村與永續社區研討會」在芬活舉行，因而促成建立「全球生態村網絡」（GEN，Global Ecovillage Network），芬活除了是創始成員之外，現今全球生態村網絡的總部就設立在芬活當地。

現在芬活有九十座生態建築、三座風力發電機和一間生態污水處理廠「活機器」（The Living Machine）。活機器於一九九五年打造，它是歐洲第一套生態濾水系統，取代傳統高耗能、化學密集型的處理方式，從而仿效自然界的水淨化過程。社區內的廢水透過活機器的淨化，水質乾淨到可讓魚兒在水中悠遊，有幾隻魚甚至已經十多歲了呢！另有研究指出，此地擁有工業化世界中最低的碳足跡。

從一九九七年開始，芬活基金會正式以非政府組織與聯合國新聞部合作，也是聯合國人居署指定最佳實踐，代表這裡是整體性永續生活的典範，並為改善世界各地城市和社區的生活品質做出傑出的貢獻。

目前芬活除了兩個主要基地——公園和克魯尼山丘之外，另外還有位於愛奧那（Iona）島上的僻靜所，以及鄰近的埃拉伊德（Eraid）島上的衛星社區。

芬活周邊還有一些不直接隸屬於基金會的組織和建築物，同樣也是由芬活拓展出去的分支機構，這些都和芬活社區或基金會有很緊密的互動關係，例如公園內的鳳凰商店、芬活出版社（Findhorn Press）、芬活花精中心、鄰近公園基地持續增建的生態建築群、克魯尼山丘旁的紐堡屋（Newbold House），還有 AES 太陽能系統公司（AES Solar）、

鳥瞰社區一景，遠處是芬活灣 © 芬活基金會

風力公園（Wind Park）……等許多致力於永續發展的組織。

芬活基金會目前由三百多名個人會員以及四十多個企業和慈善機構共同組成，所有成員來自全球四十多個國家，他們凝聚在一起都是為了支持並實現創建更美好世界的願景。

在芬活共有五百多人組成社區的核心，亦有成千上萬的訪客在這裡與世界之間不斷穿梭流動著。住在芬活的人們一共說著十四種語言，這裡儼然就是個地球村。由芬活核心到周邊、再到全世界，已經建立起一個龐大的隱形網絡，在地球這個星球上持續發揮著各個層面的重大影響力。

＊＊＊

我參加教練培訓時，某天晚上在起居室有一個人問我：

「你來自台灣嗎？」

「是啊！」（你怎麼知道？）

「我聽說有個台灣人在這裡上課。我在台灣出了一本書，出版社寄了幾本書給我，但我看不懂中文，我一直想知道書前面的序到底寫了些什麼內容，你可以幫我翻譯嗎？」

「當然可以啊！」

我拿起書一看，原來他是《原諒就是力量》(*Forgiveness is Power*)的作者威廉・馬丁(William Fergus Martin)。威廉是芬活的長期居民，這本書便是他在這裡與來自世界各地的成員互相學習、共同成長體悟到的真諦。

這裡簡直是臥虎藏龍！

培力與賦能精神

早期愛琳在接受內在聲音指導時，聲音曾指示她要成立一座社區，同時讓她將接受到的訊息傳達給社區所有人。這些指導決定了芬活社區的重大發展方向與建設，包括建造靜心聖所、社區中心和環球大廳等。一九七一年，這個內在聲音卻告訴愛琳，表示將不再給予社區指導，從此刻開始要讓所有人學習聆聽自己內在的聲音。在許多心靈書籍中常提到這個概念，我在想不知這是否是受了芬活的影響。

自此之後愛琳依舊是社區中啟發人心的重要人物，她雖然具有與神對話的機緣，但她卻沒有因此自命不凡，也沒有因此成為眾人崇拜的偶像或接受膜拜。

至於能夠與德娃溝通的桃樂絲，由於後來農園已經由一個專門的工作小組負責，她不再需要經常待在那裡，而是改在辦公室裡工作。但有時農園小組仍會前來請她確認農園的德娃們想要傳遞的訊息，此時桃樂絲反問他們：「目前你們按照自己感知到的去做，結果如何呢？」

小組成員回答：「結果不錯啊！」

於是桃樂絲告訴他們：「你們只要覺知德娃與你們的互動，並相信自己內在的聲音，這樣就對了。」

也曾有社區外的人碎嘴：「這些神神祕祕的天使、德娃都是對外宣傳的伎倆，是為了得到商業利潤才捏造出來的故事。」針對這些很尋常的外界反應，桃樂絲回應說：

「當我看到人們過度去美化和渲染天使時，其實我有點不高興，甚至有一度是去美化我，好像我應該要像天使一樣穿著雪紡紗而不該做通俗的打扮，過了一陣子之後人們的這種期待才慢慢地消退⋯⋯。人類就是在這個地球上的一種存在，天使也是，德娃也是，這就是一種協同合作的關係而已，這種關係本來就存在，只是我們未曾意識到這一點，最重要的是這種關係對地球有實質上的幫助，這才是重點。」

你會發現原創天使卡上的圖案經常令人莞爾一笑：自由天使在海灘上光著屁股，服從天使騎著單車等紅綠燈，意願天使認真洗碗，耐心天使織著毛線，支持天使是一位天使托著手幫另一位天使翻牆⋯⋯。在蛻變遊戲的世界中，天使就如同你我，或許存在的形式不同，但本質上是相互連結的，所有世界上的存有(being)皆是如此。

無論有形、無形，一切存有都是宇宙整體中的獨立個體，共同在動態的流動中相互依存，這種網絡般的夥伴關係中，十分重要的精神是賦予每個個體力量（empowerment，視情況亦譯為賦能、賦權或培力），這就是芬式生活的世界觀，在芬活有許多的做法都是在體現這一點，這與權力支配的階級性系統相反，力量不是區分高低強弱的控制機制，而是不具二元對立的共同參與系統。

桃樂絲進一步說明：「與植物王國的連結總是將我帶回到一體（oneness），天使是上天的信差，祂們總是不間斷地提醒我們，我們是彼此的一部分，這份人類與自然的連結至關重要。但我們不能期待天使要去做農園的工作，我們身為有手有腳的人類得要從頭到尾去執行那些實際的堆肥工作，土壤才會肥沃。」

愛的強大力量

有一名專訪者問道：「如果簡單的總結芬活的核心價值，那會是什麼？」

愛琳馬上回答：「愛！愛、愛、更多的愛！就是這樣。因為神就是愛。」

桃樂絲也接著說：「我非常同意！神就是愛，我們也說神是無邊宇宙，而愛比這個定義更廣，祂是如此浩瀚無邊，我們卻對祂認識的很少，當我越老……或者說人生經歷越多，我越能認知到這股力量，這股力量讓一切發生，無論任何發生都是完美的，就算一切都行不通的時候，祂行得通。有時我們會誤用這個字，對我來說，祂是萬事萬

克雷格在地球小屋演奏迪吉里杜管 © 芬活基金會

物的根本基礎，就像白光可以折射出所有顏色一樣，愛可以折射出世間一切，即使光明與黑暗是相反的兩個極端，但愛也包含黑暗、包含一切，祂擁抱所有一切。」

彼得補充說：「我們的任務就是做出示範，有一種說法是：證明布丁存在的方法就是吃掉它。農園的成功就是一種證明，與大自然的國度協同合作是行得通的。」

我喜歡布丁這種說法，我們上過很多課、看過很多書、知道很多理論，但不要只把布丁冰在腦海裡，好好地一口吃掉它吧！

愛琳又說：「有時我們會忘記以愛去

行動，很多人汲汲營營卻無法真正感到喜悅，正是因為沒有帶著愛去行動，如果你帶著愛去行動，你自然會感到喜悅，一定會的。我們正在轉變，正朝向更多愛、更多喜悅、更隨心的狀態。」

桃樂絲接著說：「愛很簡單，所有一切都會回歸到這份單純，這是一切的核心，一切都是愛的延伸，是上天廣大無邊創造力的延伸。人類被賦予自由意願在這個核心四周去隨心所欲的遊戲，透過自由意願我們將有所學習。每當我們犯了錯，我們會渴望與整體合一，這讓我們感到滿足，什麼都比不上。所以我們內在有一種神聖的不滿足，隨時帶領我們返回那份單純。

「德娃告訴我，愛和感恩是通往任何一個國度的橋樑，如果一個人愛他正在做的事，他的能量就會和那件事連結，並獲得回饋。例如農園小組來找我幫他們向德娃問問題，因為他們不敢肯定，但他們告訴我的都是正確的，和我連結後去確認的內容一模一樣。他們的直覺和感覺來自他們對這份工作的熱愛，他們是充滿愛的地景園丁，他們不一定將此稱為與大自然調頻，但他們調上頻了，這才是關鍵，愛是進入萬事萬物的鑰匙。

「物質界的一切事物也應該包含在靈性學習中，包含我們的身體、金錢，包含整個地球。」

找到靜定的內心狀態並專注聆聽、調頻，然後信任並採取行動，成為芬活社群一直以來的生活和發展核心。

芬活的故事，就是關於一小群追尋心靈的人，如何成長為一個蓬勃發展、國際認可的心靈學習中心和社區，這是一個將愛付諸行動的強大力量的最佳證明。

活出生命本質

喬伊剛離開芬活初到美國時接受一個電臺專訪，此時的她正準備將蛻變遊戲推廣至大眾，她做了這樣一段深刻的描述：

「芬活充滿了愛的能量，對我最大的衝擊是我完全地被接受，我可以單純地成為我自己、做獨特的自己，這樣就夠了，之前我總是想要成為某種樣子，因此我才在芬活住了下來。人們去到芬活是想活出喜悅滿足且整體的生活，蛻變遊戲也是相同的目的。

「蛻變遊戲模擬一個人投胎在地球上的生命路徑，遊戲中包含所有人類生活的元素，玩遊戲就像進行日常生活一樣，特別的是這是一個濃縮的過程，甚至可以花整個週末進行一場遊戲。蛻變遊戲背後有某種神奇的設定，有一種意識會在過程中啟發每一位，釋放並解決阻礙成為自己的面向，看見自己是誰，看見自己是美麗而有力量的，並整合出我是誰。遊戲還要讓你知道你的生命有多麼受到祝福，你值得好好慶祝並做出貢獻。

「我喜歡蛻變遊戲的是它橫跨寬頻的生命光譜，你可以回顧過去、活在當下也可以展望未來，你也可以探索身體、情緒、心智、靈性、直覺和愛的層次。蛻變遊戲不一定會直接滿足你，也不一定會有直接的解答或立即的效應，但是遊戲會指出一個方向，如果你願意跟隨這個方向，該發生的就會發生，這也是個人蛻變發生的關鍵。

「總是會有各式各樣的人來參與蛻變遊戲，他們的共通點是準備好要敞開自己做出改變，關鍵在於有意願地做出轉變，他們不一定面臨生活上的困境，但他們想要活出更多屬於自己的人生，並準備好要活得更有生命力。

「你無需宗教信仰，無需相信有神，蛻變遊戲必將幫助你。這不僅是一種個人療癒的工具，也教導在團體中如何去溝通，無論是在家庭、公司、組織的團體中，幫助你和他人的關係更進一步。」

簡單來說，蛻變遊戲是幫助我們深入傾聽內在聲音的好夥伴，在遊戲的歷程中也會提醒玩家如何與更大的力量共同創造，最重要的是找出後續實際行動的方向，並且真正在生活中去落實。

有人說教練版蛻變遊戲工作坊就像一場心理諮詢，有人說這是一種很深的療癒方法，有人藉此真正了解自己獲得成長，有人找到生活的動力和方向⋯⋯，這是因為教練需要學習逐步與玩家進行深度對話，引導玩家進入自己的核心，繼而活出自己的生命本質。

蛻變遊戲也是凝聚芬活社群的重要方式之一，有時整個基金會或是部門會進行團體版工作坊來釐清問題或是尋找方向，當然個人也可以透過遊戲來聆聽內在，星球版工作坊則供來自世界各地的參與者共同探索全球性的議題。

蛻變遊戲在芬活吸收了日月精華，無論是芬活或蛻變遊戲都是要幫助我們找到生命的本質、了悟自性並活出有血有肉的靈魂與人生。

我相信所謂的靈性就是找到我是誰，修行就是實際活出生命本質，每一場蛻變遊戲都是一段煉金的過程，精煉萃取出自己獨一無二的核心與存在的意義，若是人生的行動皆是發自於核心的力量，所有的生命力和創造力就會源源不絕。這種效應不只發生在玩家身上，我發覺每一次我在帶培訓、帶遊戲時，同樣的效應也會迴響在我自己身上，形成一種正向循環的不斷電資源系統。

蛻變方格

二〇二〇年三月我將《直覺方案》(Intuitive Solutions) 紙卡套組開發成手機應用程式 (APP)，才剛剛慶祝它在數位世界的新生，隔日就看見消息，芬活最後一位在世創辦人桃樂絲以百歲高齡去世，回到德娃們的懷抱中。

四月，原訂於復活節期間在芬活舉辦的星球版蛻變遊戲因疫情取消。

六月，喬伊和凱西搬離美國，在多年後回到芬活再度定居。

同月，我亦完成訓練成為蛻變遊戲商用版——組織蛻變的培訓師，包括原創者在內現在全球共有六位培訓師。此時正值疫情發展的初期，讓瑪麗無法遠行，於是先前奮力地火速完成蛻變遊戲培訓師資格的這項超前部署行動，得以幸運地讓中文的培訓計畫能夠持續開展而不受影響，且不受語言隔閡更有效率地進行。

十一月，在芬活生日這一天，四十名藝術家、石匠和志工歷經數月在環球大廳外一起完成了一幅浴火鳳凰的大型馬賽克拼貼作品，運用社區回收的陶瓷材料，象徵浴火重生的精神。

二〇二一年四月，芬活的主要靜心聖所與社區中心意外燒毀了，這兩棟建築物是芬活的精神中心和社交中心，對社區有重大的意義。巧的是就在火災發生的同時我的手臂不小心燙傷了，手臂的疼痛似乎呼應著眾人的心痛。在這樣令人震驚傷痛的情況中，來自世界各地的愛與祝福大量湧入芬活，所幸如同奇蹟一般，當晚即使有大風吹拂，兩棟建築物的周圍在熊熊烈火下並沒有受到太大影響。現在即使兩棟建築的原始形體在大火中被摧毀，但其中創造的冥想、用餐、派對、交流的記憶和精神能量依舊長存於眾人心中，同時似乎也在預示著新的未來。

凱西於二〇一七年接受了加入芬活基金會董事的邀請，加入後不久，凱西接到了另一次指引和邀請，擔任為期三年的董事長一職。那時，誰也料不到二〇二〇年起世界會產生如此大的變化，或者對基金會所有人來說會變得這麼具有挑戰性，但是凱西領導了基金會度過這史無前例的艱困時期。於二〇二一年底任期結束後，凱西繼續擔任資產委員會主席，與基金會和其他利益相關人密切合作，準備重新開發公園。這包括完

泰國星球版遊戲中全體進入靈魂暗夜

成八〇年代開始的總體規劃，以促進公園從露營車公園轉型為生態村，讓所有空間都能與大自然共同創造，以及重建靜心聖所，並聚焦新社區中心的規劃。

因為疫情這場世界危機，芬活所有的訪客活動戛然而止，基金會開始回顧芬活許多重要的史料，同時正值我投入更多精力寫這一本書，就好像有些聲音想要被納入這本書中一樣，在我寫書的同時同步出現在我眼前，讓這本書的內容能以更多第一手的資料來呈現。

寫書期間也正是我開始獨立進行

教練培訓的新階段，每當我絞盡腦汁在教學上以更清晰的方式向學員們傳達所有的內容，在一邊輸出一邊輸入的過程中，我發覺自己也一層一層地深入所有的內涵與精髓，協助我對蛻變遊戲、對芬活、對自己以及對生命有更深刻地領悟，我感覺到大腦正在大規模整合，就像系統正在自動更新升級一樣。

有一次在我和喬伊視訊的談話中，她提到自己創作出蛻變遊戲的過程：「好像是老天爺撥了一通電話，而我剛好是接電話的那個人。」我不停猛點頭！在寫這本書的同時，無論是整理資料或是回顧自己的歷程，我經常有種神來一筆的靈光閃現，就像是有種無形力量正在與我的有形肉身共同協作，我想到凱西也曾在培訓時這麼形容：「教練是蛻變遊戲精神的肉身體現。」

蛻變方格在遊戲板上人生路徑的正中央，代表由過去跨越到未來的一道門檻，此刻全人類在共同的路徑上就像走到了這場地球遊戲的「蛻變方格」，這意味著一個階段的結束，也是另一個階段的開始。如同在組織蛻變培訓中引用愛因斯坦的一句話：「你無法以製造出問題的相同思維來解決問題。」轉機就在於我們是否願意做出改變甚至於徹底地蛻變。

如喬伊所言：「我每日的生活仍像在玩一場持續不間斷的蛻變遊戲。當我允許愛與恩典的河流帶我前進時，我清楚地看見，在我面前總是有兩道門、兩種選擇，一道門繼續維持舊的自我，另一道門則向全新的自我敞開，在那裡，尚未開封的智慧資源隨時待命來支持我，允許自己成為全新的整體表達方式。當我們停止與生命爭論並向它說『是』的時候，有份禮物正在等待著我們！」

嶄新的世界

時至今日，聯合國已經制定出全球永續目標，全世界有越來越多人投入各種永續的生活方式，甚至在產業上關注有機農業與循環經濟，先進地區亦開始提倡循環城市的概念。地球一直是活躍且醒覺的，而我們人類需要更多創造性的解決方案與大自然進行交流與合作，師法自然活出精神與物質兩者並進的高度文明。

芬活自始就是一個動態的實驗場，在日常生活中以內在心靈的聲音為依歸，與大自然的智慧共同創造，並為實現更美好世界的願景採取啟發人心的行動。蛻變遊戲內建芬活的生活智慧，就像是芬活長了翅膀得以飛往地球的各個角落，讓芬式生活的精神無遠弗屆，在好玩有趣的遊戲過程中同時獲得奧妙幽默的人生啟示。

在人生路徑上一路走來，透過社區參與、都市設計、人類設計、好學校、心識力、蛻變遊戲或個案諮詢……，我腦海中的藍圖變得越來越清晰，內心的意向越來越堅定，那就是我想要塑造一種具有高度意識的社群生活文化，在此人人願意相互理解並支持彼此活出生命的核心價值，在物質與精神層面皆能共創善循環的生活型態，創建一個活在開放性世界觀中深度民主積極參與的小社會。

「有個嶄新的世界正向你敞開，只要你不畏懼，這個中心將成為光的一部分，吸引著你的靈魂前往。在這裡不拒絕、不批判任何人，所有一切都在我的照料之下，帶著我給你的願景擴展你的想法，每個人都可以盡自己的一份心力。此處是我的堡壘，它將逐漸開花結果，因為我的祝福被帶到這裡，我在這裡引導並提供方向，超越年紀、國籍、膚色、物種，讓我們凝聚在一起，在絕佳的和平與和諧之中，在此處看見這個世界以超乎想像的方式拓展開來。」這是愛琳的內在聲音曾給予的指示，祂幫助芬活從三位心靈探索者演變為世界性的蛻變中心，展開一趟非凡的旅程。

喬伊在回到芬活定居後曾分享她的願景：「我的願景是建立一個充滿活力且開放的世界，這個世界多元、真實、協作、善良、充滿愛心、具有創造力、富有同情心、與靈性調頻，聰慧的人類能與彼此、與地球和平相處。

「芬活的使命是以非常實際的方式做出貢獻，以創造這樣的世界並啟發人心和新路徑，這裡也是一個作為典範的中心，讓每個人都可以參與這個實質的社區實驗，實踐個人、社會、生態、經濟和永續的全球轉型。

「願我們每一位都能以自己的方式為這個嶄新世界的願景作出各自的貢獻。」

芬活是一群人與上天與大地和諧共生共榮，以愛積極行動的故事。

願芬活的精神啟發我們每一位，在地球上從個人的蛻變開始這場遊戲，共創人類和地球的美好未來。

在環球大廳內的神聖舞蹈 © 芬活基金會

眾生 JP0198
神奇的芬活——西方世界第一座靈性生態村

作　　者／施如君
責任編輯／陳怡安
業　　務／顏宏紋

總 編 輯／張嘉芳
出　　版／橡樹林文化
城邦文化事業股份有限公司
104台北市民生東路二段141號5樓
電話：(02)2500-7696　傳真：(02)2500-1951
發　　行／英屬蓋曼群島商家庭傳媒股份有限公司城邦分公司
104台北市中山區民生東路二段141號2樓
客服服務專線：(02)25007718；25001991
24小時傳真專線：(02)25001990；25001991
服務時間：週一至週五上午09:30～12:00；下午13:30～17:00
劃撥帳號：19863813　戶名：書虫股份有限公司
讀者服務信箱：service@readingclub.com.tw
香港發行所／城邦（香港）出版集團有限公司
香港灣仔駱克道193號東超商業中心1樓
電話：(852)25086231 傳真：(852)25789337
Email：hkcite@biznetvigator.com
馬新發行所／城邦（馬新）出版集團【Cité (M) Sdn.Bhd. (458372 U)】
41, Jalan Radin Anum, Bandar Baru Sri Petaling,
57000 Kuala Lumpur, Malaysia.
電話：(603)90578822　傳真：(603)90576622
Email：cite@cite.com.my

內文排版／川流設計
封面設計／川流設計
印　　刷／中原造像股份有限公司

初版一刷／2022年5月
I S B N／978-626-95939-4-1
定　　價／400元

城邦讀書花園
www.cite.com.tw

國家圖書館出版品預行編目 (CIP) 資料

神奇的芬活：西方世界第一座靈性生態村 / 施如君著. -- 初版. -- 臺北市：橡樹林文化，城邦文化事業股份有限公司出版：英屬蓋曼群島商家庭傳媒股份有限公司城邦分公司發行，2022.05　面；　公分. -- (眾生；JP0198)
ISBN 978-626-95939-4-1(平裝)

1.CST: 社區　2.CST: 自然環境　3.CST: 共生

545　　111005207

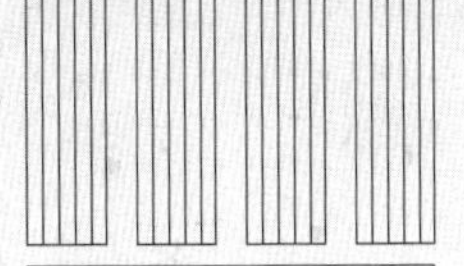

廣　告　回　函
北區郵政管理局登記證
北 台 字 第 10158 號

郵資已付　免貼郵票

104 台北市中山區民生東路二段 141 號 5 樓

城邦文化事業股份有限公司
橡樹林出版事業部　收

請沿虛線剪下對折裝訂寄回，謝謝！

|橡|樹|林|

書名：神奇的芬活——西方世界第一座靈性生態村　書號：JP0198

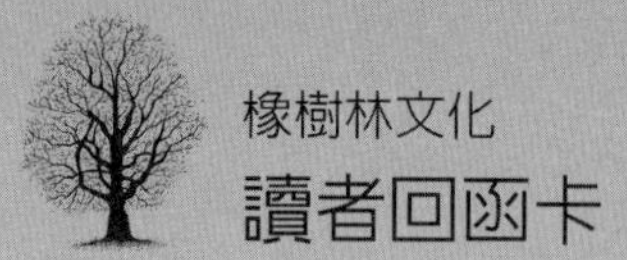

橡樹林文化

讀者回函卡

感謝您對橡樹林出版社之支持，請將您的建議提供給我們參考與改進；請別忘了給我們一些鼓勵，我們會更加努力，出版好書與您結緣。

姓名：＿＿＿＿＿＿＿＿＿＿ □女 □男 生日：西元＿＿＿＿＿年

Email：＿＿＿＿＿＿＿＿＿＿＿＿＿＿＿＿＿＿＿＿

●您從何處知道此書？

□書店 □書訊 □書評 □報紙 □廣播 □網路 □廣告 DM □親友介紹

□橡樹林電子報 □其他＿＿＿＿＿＿＿

●您以何種方式購買本書？

□誠品書店 □誠品網路書店 □金石堂書店 □金石堂網路書店

□博客來網路書店 □其他＿＿＿＿＿＿＿

●您希望我們未來出版哪一種主題的書？（可複選）

□佛法生活應用 □教理 □實修法門介紹 □大師開示 □大師傳記

□佛教圖解百科 □其他＿＿＿＿＿＿＿

●您對本書的建議：

＿＿＿＿＿＿＿＿＿＿＿＿＿＿＿＿＿＿＿＿

＿＿＿＿＿＿＿＿＿＿＿＿＿＿＿＿＿＿＿＿

＿＿＿＿＿＿＿＿＿＿＿＿＿＿＿＿＿＿＿＿

＿＿＿＿＿＿＿＿＿＿＿＿＿＿＿＿＿＿＿＿

＿＿＿＿＿＿＿＿＿＿＿＿＿＿＿＿＿＿＿＿

非常感謝您提供基本資料，基於行銷及客戶管理或其他合於營業登記項目或章程所定業務需要之目的，家庭傳媒集團（即英屬蓋曼群商家庭傳媒股份有限公司城邦分公司、城邦文化事業股分有限公司、書虫股分有限公司、墨刻出版股分有限公司、城邦原創股分有限公司）於本集團之營運期間及地區內，將不定期以 MAIL 訊息發送方式，利用您的個人資料於提供讀者產品相關之消費與活動訊息，如您有依照個資法第三條或其他需服務之業務，得致電本公司客服。

我已經完全瞭解左述內容，並同意本人資料依上述範圍內使用。

＿＿＿＿＿＿＿＿＿＿＿＿（簽名）

EXPECT A
MIRACLE
www.findhorn.org